清史镜鉴

——部级领导干部清史读本

第四辑

国 家 清 史 编 纂 委 员 会
国家清史纂修领导小组办公室 编

国家图书馆出版社

图书在版编目（CIP）数据

清史镜鉴：部级领导干部清史读本·第四辑／国家
清史编纂委员会，国家清史纂修领导小组办公室编.
—北京：国家图书馆出版社，2011.2（2022.6 重印）
ISBN 978－7－5013－4594－6

Ⅰ.①清…　Ⅱ.①国…　②文…　Ⅲ.①中国历史－研
究－清代－干部教育－学习参考资料　Ⅳ.①K249.07

中国版本图书馆 CIP 数据核字（2011）第 007948 号

书　　名	清史镜鉴——部级领导干部清史读本·第四辑
著　　者	国 家 清 史 编 纂 委 员 会 编 国家清史纂修领导小组办公室
责任编辑	郭又陵　孙　彦
特约编辑	赫晓琳

出版发行　国家图书馆出版社（北京市西城区文津街 7 号　100034）
　　　　　（原书目文献出版社　北京图书馆出版社）
　　　　　010－66114536　63802249　nlcpress@nlc.cn（邮购）

网　　址　http://www.nlcpress.com

排　　版　北京文雨信来科技发展中心

印　　装　北京武英文博科技有限公司

版次印次　2011 年 2 月第 1 版　2022 年 6 月第 3 次印刷

开　　本　850×1168　1/16

印　　张　16.25

字　　数　240 千字

书　　号　ISBN 978－7－5013－4594－6

定　　价　50.00 元

序

　　清朝是我国历史上最后一个封建王朝，统治中国长达 268 年之久，其前期在发展经济文化、巩固国家统一、加强民族团结等方面甚有功绩。中叶以后，内外矛盾尖锐，外敌入侵，国内动荡，政治日益败坏，其失误和教训，实足发人深省。清亡距今不足百年，离我们时间最近，对我们的现实生活影响较大。"今天的中国是历史的中国的一个发展"，要根据中国国情，建设中国特色社会主义，就要学习和研究历史，特别是离我们今天很近的清史。

　　新中国成立后，为了弘扬文化、传承国脉，党和国家领导人十分重视清史纂修，曾成立相关机构进行筹备，但由于种种原因，修史之事，几起几落，一直未能启动。2002 年 8 月，中央领导作出纂修清史的重大决定，相继成立了清史纂修领导小组、清史编纂委员会，清史纂修工程，于焉肇始。

　　清史纂修不仅具有重大的学术价值，还和现实生活有着密切的关系，它不是网罗奇闻逸事，不是观赏陈迹古董，不是"发思古之幽情"，而是和时代脉搏的跳动息息相关。中国封建社会发展缓慢，延续了两千多年，到了清代，它具有什么特点？它的经济、政治、文化发展到了怎样的高度？清代众多的历史人物应该怎样评价？清代很多扑朔迷离的事件真相如何？为什么古代中国一直处于世界的先进行列，而到了清代却愈来愈落后？在统一多民族国家和整个中华民族发展史上，清朝统治的268年究竟处于什么地位？应该对其如何评价？如果没有外国的侵略，中国将会沿着什么方向发展，发展的前途可能会是怎么样？这些都是此次清史纂修所要研究和揭示的重大问题。

清史编纂工作自2002年启动以来，在党中央、国务院的关心下，经过海内外专家们的鼎力合作和辛勤努力，目前已有大批阶段性研究成果相继产生。在有计划、按步骤推进清史纂修的同时，为了更加全面、广泛、客观地反映纂修中取得的重要成果，及时将其应用于我国新时期新阶段社会主义现代化建设，充分发挥清史纂修在资政、存史、育人等方面的重要作用，经清史纂修领导小组副组长、文化部副部长周和平同志提议，在清史纂修领导小组办公室诸同志的努力下，于2006年7月开始编发《清史参考》。刊物集学史和资政于一体，兼顾资料性和时政性，择要刊登在清史纂修中形成的部分科研成果。内容大致涉及典章制度、名人史事、轶闻掌故、档案文献、学术争鸣、资料考证等，力求如实反映三百年清朝历史的真实面貌，给读者以较丰富、较切实之清史知识。

历史是已经逝去了的人和事的记录，是各个国家和民族的文化创造。人有反思往事的感情，有寻根问先的愿望，有从自身的经验教训中学习的天赋。人类在不断前进，但每一代人都是在前人的基础上进行创新，不断前进的。这就形成了文化的传承和历史的延续，形成了历史、现实、未来之间相通的无穷无尽的长链。现实深深植根于历史之中并通向遥远的未来。历史研究可以帮助人们在过去的远景中认识自己，并为未来的创新指点方向。历史学虽然不能像应用科学那样快速而直接地取得实用效益，但它的功能是长期的、巨大的。人类如果忘记了自己的历史，将会在现实和未来中迷失方向。历史学是传承文明、陶冶心灵、提高素质、建设社会主义精神文明所必需，也是了解社会、掌握国情、管理和建设国家、进行战略决策所必需。

《清史参考》创刊后赢得了较好的社会反响。办刊两年来，共有 50 余位专家在《清史参考》刊发文章。《清史参考》的作者，大多为清史纂修工作的项目承担者，也有一些是清史编纂委员会的骨干专家，都学有所长，是各自研究领域的佼佼者。所载文章不仅有很强的学术性，还多富深刻的现实意义，具有一定的参考价值，且篇幅短小、风格朴实、文字流畅、可读性强。应该说，对于现阶段社会上流行的种种"戏说"清史的文艺作品，能够起到一定的校正作用，用真实的历史史实来教育青年，教育大众。这本身也是历史学家们理应担负的一种社会责任。

近日，欣闻国家清史纂修领导小组办公室计划将《清史参考》结集出版，以扩大清史纂修的社会影响，使刊物资政、存史、育人之价值泽及社会、服务学界、繁荣文化，心喜之余，略缀数语，以为序言。

戴　逸
2008 年 7 月 28 日

目　录

边疆民族

社会生活

文化外交

切戒 "悦谀成风"

李文海

　　清人徐栋所辑的《牧令书》中说："官场陋习，乐于见长，不乐于见短，喜顺恶逆。"（卷一）用现在的话来说，就是大家都乐于报喜不报忧，喜欢听赞扬顺从的话，厌恶听逆耳之言，这已成为官场的一种陋习。

　　这种现象甚至引起了皇帝的注意。康熙五十四年（1715），一个上谕这样说："至于一切颂扬之文，俱属无益。朕见近来颂圣之语殊多，悉应停止。凡事皆宜务实，何必崇尚虚文？即如尔等师生之间，一发议论，即互相推赞，书札往来，亦大都奖誉过情，此甚无谓也。"（《康熙政要》卷八）康熙是一个有作为的皇帝，他一直提倡"凡事但求实际，不务虚名"。身处"乾纲独断"的"万乘之尊"，能够反对"颂圣"，把对他的肉麻颂扬看做是"俱属无益"的"虚文"，应该说是难能可贵的。但从另一方面也可以看出，在当时的官场中，对皇帝的歌功颂德，对上司的阿谀逢迎，师生、同僚之间的相互吹捧，已经习以为常、无处不在了。谄媚之风的盛行，谀颂之词的泛滥，引起了人们的极大厌恶，纷纷揭露"悦谀成风"已成为政风败坏的一个突出问题。

　　好谀包括两种情况：一是喜欢听别人对自己的阿谀奉承，在别人的吹捧面前自我陶醉，忘乎所以；另一种是对上司望风希旨，投其所好，奴颜婢膝，迎合趋承。这两种情况，都会对执法理政产生很坏的影响。

在封建时代，一旦跨入仕途，立即高踞人上，成为站在老百姓头上的老爷，权势显赫，威风八面。所以，"居官时不患无谀词，而患无规语。民即怨诅，不遽入耳"（汪辉祖《学治臆说》）。官员的特殊地位，使他们很容易听到谄谀之词，却很难听到规劝和批评的话，老百姓即使有对你抱怨甚至诅咒的语言，也不会一下子传进你的耳朵里。当你被种种谀词所包围，并且沾沾自喜而得意忘形时，就会产生一系列严重的后果。有的书作了这样的分析："居官之人，身处民上，一令百从，谀言日至。自视地位高于人，才识无不高于人，自是之见渐习渐惯，其尚能低首下心勤学好问也哉！趾高气扬，非独办事乖错，必贻民物之忧，即终身才识，亦以一得自阻矣。吁，可畏哉！"（觉罗乌尔通阿《居官日省录》卷六）这段话对好谀之害，揭露得入木三分，可谓鞭辟入里。一个缺乏自觉的人，在谀言的浸淫下，就会自我膨胀，产生一种错觉，好像官位高了，学问才识也会水涨船高，无不高人一等，于是自以为是，趾高气扬，刚愎自用，独断专行。这样，不但办事常常出错，个人也必然故步自封，闭塞了增长才智的通道。

问题远不止此。好谀之人，往往会失去对人对事的是非好恶的准确判断力。对那些巧言令色、希恩固宠之流，视之为心腹，倚之为亲信，言听计从，百依百顺；而对那些敢于犯颜直言，讲一点真话甚至逆耳之言的人，则不惬于心，怒形于色，甚至深恶痛绝。于是，就逐渐形成了一种风气，谄媚之徒飞扬跋扈，正直之士缄口不语。黑白混淆，是非颠倒，歪风盛行，正气不伸。这样的政治环境，必然使谗言佞语乘虚而入，招摇过市。有人一针见血地指出："闻谤而怒者，谗之囮（é，捕鸟时用来引诱同类鸟

的鸟）也；见谀而喜者，佞之媒也。谗言之入，起于好谀。"（《居官警语》，第56页）

喜欢下属吹捧的人，面对上司，也必定是"趋跄跪拜，迎合诏媚"，"诳语支吾"，"唯诺随人"。他们的处事原则是"善事上官，不恤民瘼"（《居官警语》，第127页）。只要把上司伺候好了，老百姓的疾苦是不必放在心上的。这样的人最善于揣摩。"仕途恶习，不讲实在是非，惟以私心摹拟。""全以私心揣测上司，一倡百和，而激扬之公泯，劝戒之意不昭矣。""况有揣摩之心，便工迎合之计。奔竞钻营，无所不至，其有关吏治风俗，人品心术，殊非浅鲜。"（徐栋《牧令书》卷一）陈宏谋《学仕遗规补编》对这种人有这样的描写："萎靡不振，悦谀成风。上官曰是，彼亦曰是；上官曰非，彼亦曰非。迨其后事势乖违，民怨沸腾，彼则曰此上官之意，非距（他）心所得为也。其居心之险，大非事上之敬。"（卷三）对这样的人来说，个人私利是衡量一切事物的唯一准绳，阿谀上司，是为了能取悦于人，以便得到仕途腾达；一旦事情搞砸了，"事势乖违，民怨沸腾"，就立即表示这都是"上官之意"，把所有责任推得干干净净。

喜欢阿谀奉迎的人，不但在需要承担责任的时候，会迅速变脸，就是在平时，也常常是两副嘴脸，这就是人们常说的，"媚上者必欺下"。对上是一副面孔，对下则又是另一副面孔。"事上则俯首鞠躬，临民则逞志作威。"（《学仕遗规补编》卷三）"小人之事上也，必诏以媚；其待下也，必傲以忽。"（陈宏谋《从政遗规》卷上）人们不必惊诧于他们面目变化之神速，因为在这些人的心目中，官与民、上司与下属之间，前者对后者的颐指气使、呼幺喝六，同后者对前者的低眉顺眼、胁肩谄笑，都是天经地义的。他们看似冰火不容的两种面目就合乎逻辑地统一在这种卑劣陈腐的意念之中。

　　大凡好谀之人，总是特别热衷于沽名邀誉。做表面文章，图热闹好看，真正关乎老百姓痛痒、民生疾苦的事，却漠然置之。有时甚至会打着"便民"的旗号却干着"病民"的勾当。汪辉祖《学治臆说》就讲了这个道理："一有沽名邀誉之私，其奉我以虚名虚誉者，即导我以偏好偏恶，而便民之事，亦且病民。"（卷下）方大湜《平平言》也说："官不可好名。实者，名之形；名者，实之影。一味好名，则纯盗虚声，毫无实际，必至名裂而后已。"很明显，这里所讲的"官不可好名"，绝不是说当官的不必看重和珍惜自己的名声，而是说不要一门心思地去沽名钓誉，欺世盗名，最后落得个图虚名而得实祸。所以，为政"宜崇实效不宜务虚名"，实在是一条至理名言。

　　说到底，能不能杜绝好谀之风，关键在于官员们是不是能够真正实心任事，办事的出发点究竟是"为民"还是"为名"？对于这一点，老百姓心里其实是一清二楚的。高廷瑶《宦游纪略》中有一段话，讲得极为精彩："不可沽名邀誉。到任时做一二事以市名，后将不继，前此皆假矣。进锐退速，名岂能久？惟地方一切利弊，或因或革，实心实力办去，实至而名自彰。百姓愚而最神，所为为名也者，百姓知之；所为为民也者，百姓无不知之。"（卷下）一个封建士人，竟能以如此明白的语言，宣称素被视作"愚民"的老百姓，其实是"愚而最神"，他们对官员们的所作所为，"为名"抑或"为民"，统统都心知肚明，一眼可以看穿，这样的识见在当时实在是不可多得的。但这却是一个千真万确的真理。

作者简介

李文海，1932 年生，江苏无锡人。中国人民大学原校长，中国人民大学清史研究所教授，国家清史编纂委员会委员。长期从事中国近代史的教学与研究工作，出版有《世纪之交的晚清社会》《历史并不遥远》《近代中国灾荒纪年》等专著。

疲是居官大病

李文海

清人李岳瑞在《春冰室野乘》中讲了这样一个故事，因为它的生动性和典型性，使读者往往过目难忘，说的是：在嘉庆、道光两朝久任军机大臣的曹振镛，晚年更是"恩遇极隆，身名俱泰"。他的一位门生专门请教他官运亨通的秘诀，曹振镛回答说："无他，但'多磕头少说话'耳！"敢于讲话，勇于任事，不免要冒各种风险，只有"多磕头少说话"，才能八面玲珑，四处逢源，在官场上一帆风顺，扶摇直上。

这绝不是一个特殊的个例，而是封建官场的普遍现象。戊戌变法时期，梁启超在谈到守旧大臣们为什么如此坚决地反对改革时说：那些"内位卿贰，外拥封疆"的高官们，"不知经若干年之资俸，经若干辈之奔竞始能获也"，到了这个地位，只要"循常习故，不办一事"，就可以"从容富贵，穷乐极欲"。"若一旦变法，则凡任官者皆须办事"，这些人"既无学问，又无才干，并无精力，何以能办？"（《论变法后安置守旧大臣之法》）可见，官员之固位擢升，不在于办不办事，能不能办事，而在于熬年头，善钻营。

清代的最高统治者，并不是一点都觉察不到这些弊端，他们也曾设法采取一些措施来救弊补偏。康熙皇帝亲书"清、慎、勤"的所谓"居官三字诀"赐给大臣，以为倡导，其中"勤"字就是勉励大家要勤于政务，不要尸位素餐，玩忽职守。在三年一次称之为"大计"的官吏考核中，"疲软无为"是应加举劾的罪名之一，得到这样考语的要受革职处分。但是，官员们一味明哲保身，敷衍塞责，苟且模棱，并不仅仅是个人的政治道德操守问题，而是制度性缺陷的必然表现，单靠口头的提倡和极其有限的监督，自然无济于事。封建皇权的极度膨胀，所谓"乾纲独断"，结果必定是"一人为纲，万夫为柔"，群臣们只能叩首颂圣，墨守成规，做一天和尚撞一天钟就算不错，哪里还顾得上勤劳公务，尽心国事？

懒官、庸官们充斥朝堂，一个直接的结果就是统治机器失灵，政务废弛，吏治败坏，政治公信力低下。这既破坏了社会秩序的稳定，也伤害了本就生活得十分艰难的普通老百姓的切身利益。

所以，袁守定在《图民录》中指出："疲是居官大病。所谓疲者，如疲马然，策之不动也。然疲生于挨，朱子所谓挨得过时且过是也。"（卷一）官员一旦得了"疲"症，就像一匹鞭打不动的老马，怎么赶也是步履蹒跚，踌躇不前，而其根源恰如朱熹所说，因为抱着得过且过的态度，挨一天是一天。不求有功，但求无过，就是他们的处世哲学。什么样的精神状态决定什么样的行为方式，"人心一懒，则百体俱怠；百体俱怠，则心日荒而万事废矣"（觉罗乌尔通阿《居官日省录》）。

金庸斋在《居官必览》中也强调："倦最害事。""当官者，一日不勤，下必受其弊。""此身苟一日之闲，百姓罹（lí，遭受）无涯之苦。"为什么呢？原因很简单，官员如果倦于政事，则"地方利病，应兴应厘，漫不经心，百废莫举"。这样没有担当的官，必然使"民困日深"，"民生日艰"。

有人以断狱判案为例，提供庸官殃民的实证。每有命案发生，"有司之悠忽者"往往"迟延日期"，不予置理，直到"尸身发变"，不得已才慢吞吞地赶到现场，"又以亵秽为嫌，远坐他所，止凭仵作衙役混报，既未目击，又不令两造面质，草草讯供，游移通详"。审案时又"听断乏才，优柔不决，经年累月，拖延无期"。最后只能"草率完局，锻炼成招。不但生死含冤，且有牵连拖累，致小民倾家荡产，废时失业者，深堪悯恻。人命如此，其他可知"（田文镜《州县事宜》）！

对公事如此漫不经心，荒疏怠忽，又怎么能在官场混得下去呢？他们有一个重要的手段和对策，叫做"弥缝搪塞"。他们对于"民间苦乐"虽然"漠不关心"，对于利国惠民之事虽然束手无策，不过"饰虚文以媚上司，习时套以规进取"这一套弄虚作假的手段，倒是得心应手，驾轻就熟。平时"但以簿书文移，弥缝搪塞，一生精神，用在酬应世态，绸缪身家之处，互相欺罔"（陈宏谋：《学仕遗规》卷一）。他们也并不是成天无所事事，闲居独处，相反，他们时刻奔走于大吏之门，争逐于宴会之场，简直是忙忙碌碌，马不停蹄，在"酬应世态"方面用足了"一生精神"。他们处事有一个最根本的原则，就是"每事止图可以回复上官，不顾可对士民与否"（徐牧：《牧令书》卷一）。只要把上司糊弄好了，上司感到满意了，自己的官位也就坐稳了，老百姓的苦乐死活自然不在话下。

清代许多有关"官箴"的书中，对上面这种现象斥之为"伪"，是"仕途之贼"。与这种恶劣的官场习气相对立，人们强烈地呼吁官员们应该"以实心行实政"，真正为老百姓办实事，办好事。高廷瑶《宦游纪略》说："官如何才为爱百姓？"作者自己回答说："必有一副爱之之心，又必有一副爱之之力。无此心则抚摩噢咻，无非沽名市惠，是假之也，何有于民？有此心而才具精神不足赴所欲为，亦徒虚此爱耳。故真爱百姓者，以实心行实政，废一不可也。"（卷下）既要有爱民之心；又要有爱民之力。心里根本没有百姓，所作所为不过是沽名钓誉；说是爱百姓，却没有为百姓办事的才具和精力，也只是空言虚词而已。所以"实心"和"实政"，二者缺一不可。

真正心存百姓的官员，需要有一副热心肠。就像方大湜《平平言》所说："富贵利达，眼不可热。民生休戚，肠不可不热。肠不热，则百姓之休戚，如秦越肥瘠，漠不相关矣。"王志伊为《励治撮要》一书所写的序言中提出，一个关爱百姓的官员，应该处处以为百姓兴利除弊为念，做到"重民生，勤民事，薄民赋，保民富，宽民力，从民便，悯民穷，恤民灾，除民害，询民瘼"。

对封建官僚提出这样的要求，今天看来，未免不切实际，根本不可能做到。但这样的呼声和舆论，毕竟反映了广大群众的良好愿望和迫切冀求，在当时，它起着对黑暗政治的批判及对清明政治的引导的积极作用，至今也仍然不失为传统政治文明中珍贵的历史遗产。

信者居官立事之本

李文海

　　我国传统道德一向强调"诚信为本"。所谓"人而无信，不知其可"（《论语·为政》），讲的是守信在立身处世中的重要性；所谓"民无信不立"（《论语·颜渊》），讲的是治国理政中建立政治公信力的重要性。把这二者结合起来，凝聚成两句箴言，叫做"人无信不立，政无信不威"。

　　这样一种传统伦理观念，在清代仍然在人们的政治生活和社会生活中产生着巨大的影响。

　　郑端所撰的《政学录》中有这样一段话："信者居官立事之本。与民信，则不疑而事可集矣。期会必如其约，无因冗暂违；告谕必如其言，无因事暂改。行之始必要之终，责诸人必先责己。""毋面诺而背违，毋阳非而阴是。处同僚亦然。有言必践，久久自然孚洽。苟一时欺诳，则终身见疑矣。"（卷三）汪辉祖的《佐治药言》也说："官能予人以信，人自帖服。"可见，不论是对于百姓还是同僚，都必须"有言必践"，说到做到。约定的事情不要随意违反，讲过的话不要随意改变。更不能当面一套，背后一套，"面诺而背违"，"阳非而阴是"。只要对百姓承诺守信，民众就会信任你，就能做到政通人和，什么事情也都可以做好了。相反，如果你任意欺骗，失信于人，别人也就永远对你心存疑虑，怀揣戒备。

可惜，在封建时代，官场风气混浊污秽，真正能够将信作为"立政之本"的官员，几乎是凤毛麟角。或者可以说，人们对于官员诚信的呼唤与企盼，恰恰根源于官场诚信的缺失。

在封建时代，政治生活中无信、失信、寡信的现象，有哪些主要表现呢？

一是决策轻率，朝令夕改。一些官员自以为大权在握，一令百从，因此一切以自我为中心，凭个人意志定进止。行一政，举一事，既不作调查研究，也不经集思广益，独断专行，刚愎自用。情况不明决心大，心中无数办法多。一旦遇到阻力，碰见困难，或者发现有扞格（hàn gé，互相抵触）难行之处，就立即改变主意，另搞一套。如此朝令夕改，下面自然就无所适从，人们也就对之失去了信任。所以陈宏谋在《从政遗规》中说："立法之初，贵乎参酌事情，必轻重得宜，可行而无弊者，则播告之。既立之后，谨守勿失，信如四时，坚如金石，则民之所畏，不敢犯矣。或立法之初，不能参酌事情，轻重不伦，遽施于下，既而见其有不可行者，复遂废格，则后有良法，人将视为不信之具矣。令何自而行，禁何自而止乎！"（卷上）文中所谓守信是为了让民有"所畏"而"不敢犯"，自然是封建统治立场的本质流露，但其中讲到为政守信应该从慎于立法、谨于守法做起的道理，却很值得我们深思。

二是见风使舵，左右逢源。在封建时代，相当一部分官员的处世准则，不是如何朝乾夕惕，勤于公务，而是怎样固宠保位，飞黄腾达。在这种思想指导下，对皇权的奴颜婢膝，对上司的曲意逢迎，就成为混迹官场的不二法门。当时有这样一种说法：各级官吏是"十分精神，三分办事，七分奉上官"（《清世祖实录》卷一百十八）。也就是说，官员的主要精力不在于办理政事，而在于伺奉上司。要讨得上官的欢心，就得善于揣摩，工于迎合，所谓"望风希旨"，"先意承志"，一切看上司的脸色行事。不但平日里对上司唯唯诺诺，亦步亦趋，即使集会议事，很多官员也是窥测观望，俯仰随人。康熙皇帝曾经说，大臣们"凡遇会议"，"乃一二人倡率持议于前，众遂附和于后，又其甚者，虽在会议之班，茫无知识，随众画题，更有于集议时缄默自容，及至偾（fèn，败坏）事，巧行推卸"（《大清十朝圣训》，康熙朝）。对于这样一些人来说，他的主张和议论都是按政治风向的变动而随风摇摆，要么随声附和，要么缄默不语，一旦情况有变，立即翻云覆雨，把自己洗刷和推卸得一干二净。在这种人身上，当然找不到任何"信"的影子。

三是巧言令色，名实相悖。也有一些官员，热衷于做表面文章，说的是一套，做的又是另外一套。文告上冠冕堂皇，天花乱坠；言谈中关心民瘼，多方许诺，实际的作为却判若天壤。其实，我们的先哲早就说过，"轻诺必寡信"（《老子》第六十三章）。给人们随便做出种种承诺，到时候无法兑现，就必然失信于人。所以，陆陇其在《莅政摘要》中强调："言必求其可践，事必求其可行。""毫不失信，则令不亵而法自行。"（卷下）可实际情况是，有的人言行之间，完全是南辕而北辙，不但做不到"言必信，行必果"，更常常用漂亮的言辞掩盖自己的丑恶行径。叶燮在《己畦琐语》中记录了当时官场的一个常见的现象："每见当事悬示云：清白自矢，神明共鉴。且曰：苟有贪污，岂无报应。甚矣，言之可畏也。而取利之方，已不遗余力，无剩智矣。呜呼，纸上之言，吾谁欺，欺天乎？"（卷六）用尽所有的智慧，不遗余力地攫取不义之财，但照样可以信誓旦旦，对天发誓，表示如有贪污，必遭报应，此类清代官场司空见惯的"贪官倡廉"的滑稽剧，上天可欺，民心难容，老百姓是看得一清二楚的。

　　四是目无定见，耳有偏听。林则徐曾以"海纳百川，有容乃大；壁立千仞，无欲则刚"作为座右铭。器识窄小、心存偏私、追名逐利、物欲缠身的人，就必定观察事物时没有主见，听取意见时偏听偏信，不可能刚正不阿，言而有信。田文镜在《州县事宜》中这样说："倘利欲有以熏心，苟且不无染指，目无定见，耳有偏听。器量不公，或喜怒而任性；面皮不冷，或瞻顾而徇情。则是在己一身，全无栓束，众人匿笑，奚有遵循。"（《关防》条）信则不疑。你处事既然没有定准，别人当然也就无所"遵循"。正因为这样，人们才要求"为有司者，审理词讼，事无大小，必虚公详慎，勿任一时之性，勿执一己之见"（同上，《听断》条）。这样才能昭信于世，同时也得到世人的信任。

　　在我国的传统伦理中，"信"总是与"诚"紧密联系在一起的。诚以立万事之本，有诚则必有信。"平日诚以治民，而民信之，则凡有事于民，莫不应矣。"（《从政遗规》卷下）诚信的要义是不欺，既不自欺，也不欺人。"一诚有余，百伪不足。"一味弄虚作假，不但偾事害政，对个人也往往弄巧成拙，遗患无穷。《从政遗规》强调："当官处事，但务着实。如涂擦文书，追改日月，重易押字，万一败露，得罪反重，亦非所以养诚心，事君不欺之道也。百种奸伪，不如一实。反复变诈，不如慎始。"（卷上）这里虽然揭露了"奸伪""变诈"的种种弊害，但其落脚点还离不开作伪有违于"事君不欺之道"，这种"忠君"观念，对于封建士人来说，当然是可以理解的。而袁守定的《图民录》则超出这个思想藩篱，着眼于老百姓的"不可欺"，其中说："若有一毫粉饰，则老百姓断不可欺。""官之性情心术，百姓无不知之，洞然无所蔽隔。居是职者，乌可不诚。"（卷一）应该说，这个认识，较之《从政遗规》来，又显胜一等了。

解读康乾盛世谋求"中和"

朱诚如

　　故宫内的殿阁大堂，多有含"和"的匾额，而殿阁楹联中含"和"字的更是比比皆是。据考察，殿阁匾额题字几乎都是康乾盛世时期帝王的手笔，而其中绝大部分又出自乾隆。本文拟对盛世求中和这一现象略作解读。

　　"和"或称"中和"是中国古代理想家和统治者在社会实践中，总结出来的规范民族心理结构、思维模式和体现对理想社会追求的一种民族文化精神。它的核心内容就是：强调矛盾双方的一致性，不强调矛盾双方的相互斗争、相互否定，谋求统一和谐即"致中和"状态。

　　这里，我们要先追溯"中和"思想的源流。春秋末年，儒家学派的创始人孔子继承了前人的一些"中和"观念，述古而又开新，他明确提出"和为贵"，强调以此来协调统治阶级内部和不同阶级之间的关系。同时他还提出"和而不同"的原则，就是吸纳不同意见，主张对立双方力求协调统一，避免任何一种极端。简言之，就是求中、求和。到了西汉初年，中和得到了最精辟的概括，成为谋求人与自然、人与社会、人与人之间和谐关系的最高准则。汉唐以后的思想家们无不以"致中和"为其旨归，即其宗旨是达到中和理想，或称"太和"状态。

　　这种传统的求中和思想，到了清代，满族统治者，特别是康乾盛世的几代帝王，不仅完全接过并吸纳这一思想，而且把这一传统思想发挥到极致。他们知道，只有"和"，即把自己融化到中华民族大一统中，才能让他们在汉文化的汪洋大海中求得生存，才能巩固其统治地位。康熙帝认为"和气致祥"，雍正帝力主为政要"中正仁和"，乾隆帝要让大清王朝"太和充满"。显然"和"就是其所想达到的理想目的。

　　清朝取代明朝，一个以少数民族——满族为统治民族的清政权要想真正成为中原的统治者，本不是一件容易的事情。令人惊叹的是，满族统治者不仅一统中原，而且在入关不长的时间内，又创造了一个奇迹，在病入膏肓的封建制已经穷途末路的时候，竟然创造出一个康乾盛世。尽管只是夕阳下的辉煌，封建制垂亡前的回光返照，但毕竟使古老的中华文明为之一振，让整个世界为之惊叹。

　　奇迹为什么会出现？谋求"中和"是关键。满族是我国境内的少数民族，长期以来一直与汉族不断地进行交流和融合，互相适应的共性已经成为主流，所以清入关以后在强调"国语骑射"的同时，吸纳汉文化中的优秀成分提升自己，推进民族之间的互相渗透，互相融合，从而加快自我演进的进程。康雍乾三帝都是对中华传统文化有着极高素养的帝王，他们本身都已迅速地成为中华文化的杰出代表。他们熟谙中华文化经典，其精到程度甚至令一般汉族知识分子汗颜。康熙帝对音乐数学的造诣、雍正帝的书法、乾隆帝的诗词都达到当时很高的水准。康乾盛世留下了以《四库全书》为代表的诸多文化典籍，都是中华文化的瑰宝。

　　在中华文化的影响和推动下，清王朝在经济领域也发生了根本性的转型，即迅速摆脱游牧经济，转而崇尚发展农耕经济，并实现最终的融合。中国封建时代的最高统治者一直奉行以农为本、重农抑商的国策。长时期的农业经济铸就了中华民族依赖土地，即安土乐天的生活情趣。人们渴望安定，厌弃战争，向往太平，反对暴力。男耕女织，丰衣足食，老守田园是广大人民崇尚平和安定的社会生活环境的普遍心理状态。农业经济又是自然经济，农业生产要与自然规律、自然节候相和谐。农业生产和自然界的有节律的平和地运行，这就构成了人与自然的和谐关系，也是人类社会运行的基础。这些农耕文化的理念也很快为清朝统治者接受。入关之后，面对汉族地区农耕经济的汪洋大海，满族统治者从没有想过再回到东北原始森林中重过落后的游牧生活，他们只强调保持满族的骑射习俗，从不提保持游牧经济形式。即使后来因为旗人生计问题，曾经强制一批旗人回东北老家，最终亦以失败而告终。历史不会倒退，人类社会更不会倒退。农耕经济的优越性是显而易见的。因此，入关以后，特别是从康熙帝开始，十分重视劝课农桑，重视农业经济的发展。对与农业经济相关的治河以及蠲免、赋税政策十分重视，因此康熙、雍正、乾隆时期中国的农业经济的发展出现了一个新的高潮。农业经济发展，也刺激了手工业的发展，特别是手工制造业的发展。中国的瓷器、丝绸、茶叶是中国出口贸易的主要货物。瓷器离不开瓷土，丝绸离不开植桑养蚕，茶叶更是江南农业经济中的一部分。离开农业经济，手工制造业会失去发展的基础。康熙、雍正、乾隆时期的手工制造业和发达的农业经济，使这一时期的中国成为当时世界上另一个经济中心，即东方的农业手工制造业中心，充斥欧洲市场的中国手工业产品既满足了人们生活用品的必需，提升了人类生活水平的档次，同时也促进了东西方经济文化的交流。

康熙、雍正和乾隆三帝非常明智地选择了一条谋求"中和"的道路，即以融入中华文化提升自己，巩固其对全国的统治，从而创造了康乾盛世。但是，我们必须看到，康乾盛世的帝王们不可能跳出历史的局限，他们同样传承了历代帝王的统治手段，在追求其统治的稳定的同时，极力强化其集权，来巩固其统治地位。无论康熙的宽缓、雍正的苛猛，还是乾隆的宽猛相济，殊途同归就是极力稳定和巩固其高度的中央集权统治。

众所周知，中国历史从秦始皇统一全国建立封建专制主义中央集权国家开始，历代帝王就一直在处心积虑地集中手中的权力。秦皇、汉武、唐宗、宋祖，一代天骄成吉思汗，布衣提三尺剑取天下的朱洪武，创造夕阳下的辉煌盛世的康、雍、乾，一个个都是中国历史上的精英人物，权杖在他们手中，成为开拓进取的动力。尤其是到了清代，刚从关外原始森林中出来的少数民族满族成了中原大地的统治者。他们面对汉民族的汪洋大海，深知集权是何等的重要，不仅要强化对汉人的统治权，也要集中对满人的统治权。于是从康熙朝开始，把决策中心移到了南书房，满大臣参与决策的议政王大臣会议的权力也逐渐被取消。雍正朝则设立了军机处，决策权力都集中到皇帝一人手中。至此，清王朝的集权已达到了极致。正是这种集权，才有了康乾盛世，才有康乾时期大一统的局面，才有乾隆时期中国版图的底定，这就是封建社会集权的历史功绩。

总而言之，中国封建社会长达两千多年之久，上至封建帝王、王公大臣，下至士农工商、平民百姓，都谋求"中和"，即谋求和谐，谋求安定。对于一般士人和普通百姓来说，大体有两类求"和"的途径。一类是向大自然求"和"。柳宗元在永贞革新失败以后，谪贬永州，名列囚籍，困顿穷厄，满怀悲愤。他却在山水自然中寻求到和合之点。他的《永州八记》就是表现他"心凝形释，与万化冥合"的心境的。另一类是在人与人之间关系上求"和"。苏东坡因反对王安石变法遭到小人构陷，一生坎坷。谪居惠州时，因"和"于当地民众，欣然于"小阁藤床""春睡""五更钟"之中而自慰。明清时期，因为各种原因而遭流放的文人士子，从他们的诗文中可以看出，大都在心理调适之后，能够融于自然、融于当地民众，而欣然自得。正是这种中和思想的文化精神调整着人们的心理，减缓着社会的矛盾。客观世界辩证法本来就包涵着两方面的内容，一是矛盾的斗争性，二是矛盾的统一性，正是这种矛盾运动，推动着客观世界的发展。在人类社会和思维领域，中和思想强调了宇宙根本规律的一个侧面，是很有意义的。中和思想的文化精神也有其优长之处和价值所在。这就是，它使得中华文化具有坚毅的耐力和同化能力。每当异质文化（如印度佛教文化和欧洲基督教文化）传入本土，中华民族便会采取一种兼容并包的态度，在冲撞中相容，在相容中同化，一直保持着中华文化的传统风范，历久弥新。因此，康乾盛世谋求"中和"即谋求和谐、谋求安定是明智之举。

作者简介

朱诚如，1945年生，江苏淮阴人。曾任辽宁师范大学校长、故宫博物院主持院政副院长，现任国家清史编纂委员会副主任，《明清论丛》主编，北京大学历史系教授、博士生导师。主要著作有《简明清史》《康雍乾三朝史》《管窥集·明清史散论》等；主编《清朝通史》《辽宁通史》等。

"九门提督"与清廷政争

杨东梁

　　清代，京师的卫戍、警备和治安保卫机构叫"提督九门步军巡捕五营统领衙门"，通称"步军统领衙门"。长官简称"步军统领"，俗称"九门提督"（京师内城共有城门九座，分别为：正阳、崇文、宣武、朝阳、东直、阜城、西直、德胜、安定）。九门提督统领满、蒙、汉军八旗步兵和京师绿营的马步兵（即"巡捕营"），所部的具体任务是分泛驻守（"泛"指基层的军队编制）、稽查城门、缉捕盗贼、申禁巡夜等。

　　步军统领创设于清初，后经历了数次变迁。原来只统辖八旗的步兵营，到康熙十三年（1674），始兼提督京城九门事务（原由兵部管理），康熙三十年（1691），又兼管巡捕三营事务，官衔全称遂改为"提督九门步军巡捕三营统领"。雍正七年（1729），官署定名为"步军统领衙门"，十二年（1734），在宣武门内京畿道正式建立衙署，九年后迁至北城帽儿胡同，又称"北衙门"（同为负责审案的刑部因设在南城称"南衙门"）。乾隆四十六年（1781），巡捕增设左、右两营，变成中、南、北、左、右五营，故该衙门的主官改称"提督九门步军巡捕五营统领"。

　　九门提督负责京师的警卫、治安，初为正二品，嘉庆四年（1799）改为从一品。其统率的部队长期保持在 3 万人左右，且人员精干，装备精良。

从机构、人员、职掌看，步军统领衙门除衙门本部外，还下设八旗步军营、巡捕五营、内外城十六门管理机构和白塔山信炮管理部门。

步军统领之下，设有左、右翼总兵各一人与步军统领同堂办公；八旗步兵营则设有左、右翼尉各一人（秩正三品）。八旗步兵营主要驻守内城。

巡捕五营分布于外城和四郊。中营驻扎于圆明园一带，由副将（从二品，隶属于总兵）一员带领，下分五汛（每汛有官兵370人至580人不等）；南营分防外城及南郊，下辖六汛；北营分防北郊，左营分防东郊，右营分防西郊，以上三营均各辖四汛。巡捕五营总计二十三汛。南、北、左、右四营设参将一人，游击一人。嘉庆四年，又添设左、右翼总兵各一人，左翼总兵节制南营、左营，右翼总兵统辖北营、右营。

顺治十年（1653），于白塔山（今北海琼岛）设置信炮五位，若京城发生暴乱、敌情、火灾、爆炸，则凭金牌"奉旨发炮"；内九门也各设信炮五位。白塔发炮，则九门信炮齐鸣。京城驻防官兵闻炮声后，立即分区集合待命。乾隆八年（1743），信炮及其管理系统移交步军统领衙门。

京师有内城九门，外城七门，内外各城门均派官兵驻守，负责门禁。顺治初年，守门军官称门千总。康熙十三年（1674），又设城门尉、城门校。乾隆十九年（1754），城门尉改名城门领（正四品），城门校改名城门吏（正七品）。内城九门，每门设城门领二人，城门吏二人，门千总二人。外城七门，每门设城门领一人，城门吏一人，门千总二人。

正是由于步军统领衙门所承担的任务关系着清朝皇帝的安全和政局的稳定，可以说，九门提督是一个至关重要的职位。从某种意义上说，它甚至可以影响到皇帝的废立。唯其如此，九门提督在清代历次宫廷争权斗争中均扮演着举足轻重的角色。清朝最高统治者对九门提督的人选极为重视，非满人、非心腹重臣，不能担任此职。

清圣祖玄烨在位 61 年，皇子间展开了激烈的储位之争。皇太子两立两废，争储斗争错综复杂。康熙六十一年十一月十三日（1722 年 12 月 20 日），康熙帝病危，是日寅刻（凌晨 3 点至 5 点），急召诸王子及理藩院尚书兼步军统领（即九门提督）隆科多至畅春园病榻前，谕令以皇四子胤禛（yìn zhēn，即位后为雍正皇帝）即位。时胤禛正奉命去斋所致斋，准备代皇帝主持十五日的南郊大祀。当他闻讯赶到畅春园时，已是巳刻（上午 9 点至 11 点）。戌刻（晚上 7 点到 9 点），康熙帝去世。隆科多（胤禛的舅父）立即进言，让胤禛"先定大事"（即帝位），再办丧仪。为防止发生变故，时任步军统领的隆科多立命铁骑四出，自十四日至十九日关闭京师九门，全城实行戒严，直至二十日胤禛正式即皇帝位，步军统领衙门才解除了京师戒严。

过了 139 年后，清朝的统治早已进入衰世，内忧外患纷至沓来。一方面，国内农民起义烽火连天，太平天国起义席卷了东南半壁；另一方面，英法联军攻陷天津，逼近北京，咸丰帝的六弟恭亲王奕䜣被授予钦差便宜行事全权大臣，留京负责与英法侵略军议和。议和期间，奕䜣的主要得力助手就是时任军机大臣、户部左侍郎的文祥。文祥还兼署步军统领，被委以办理城防、维持秩序的重任。但当时的权力中心位于被称为"行在"的热河（今河北承德），一切政令都由实际操控大权的肃顺等人发出。不久，步军统领一职就落到了肃顺集团的核心人物——郑亲王端华（肃顺之同父异母兄长）的身上。

咸丰十一年七月（1861 年 8 月），咸丰帝病死，载垣、端华、肃顺等八大臣受遗命辅政。当时肃顺集团与两宫皇太后（主要是慈禧太后并联合恭亲王奕䜣）围绕"赞襄政务"还是"垂帘听政"，展开了激烈斗争。在这场你死我活的权力斗争中，"步军统领"一职显然又是势在必争的关键职位。由于谁也不能占据绝对优势，双方只能达成暂时妥协：九月初四日（10月7日），端华让出步军统领一职，改由留守京师的瑞常（曾于咸丰八年以理藩院尚书署步军统领）担任，而端华则"暂署行在步军统领"，仍统率热河行宫的禁军。经过第一阶段的较量后，慈禧太后和奕䜣决定回到北京后再发动政变。之所以做出这个决定，是因为热河行宫完全在肃顺集团的掌控下，而新任的步军统领瑞常则是由奕䜣、文祥举荐的，这意味着京师的警卫大权回到了慈禧太后、奕䜣集团的掌控中。果然，在回銮后的第二天，两宫与恭亲王便联手扳倒了以肃顺为核心的辅政大臣。

慈禧太后一生中发动过两次政变，一次是上文讲到的"辛酉政变"，即联合恭亲王奕䜣一举推翻八大臣辅政体制；第二次则是于光绪二十四年（1898）发动的镇压维新派的"戊戌政变"。这两次政变都借助了由九门提督统率的禁军。

光绪二十四年四月二十三日（1898年6月11日），光绪帝经慈禧太后同意颁布了"明定国是"诏，维新变法正式开始。但是，维新变法的措施触动了守旧官僚的利益，慈禧太后随即加快了政变的部署。其亲信荣禄早在光绪元年（1875）就兼任步军统领，二十年（1894）再授步军统领，并任兵部尚书、协办大学士。至戊戌年四月二十七日（1898年6月15日），荣禄署直隶总督，几天后又拜文渊阁大学士，节制北洋各军。慈禧太后又命刑部尚书崇礼接过步军统领的职务，指挥京师禁军，命怀塔布管理圆明园护军，派刚毅管理健锐营（常驻香山）。经过这番布置，慈禧太后已将京畿地区以及京师内外、宫禁要地的军队都牢牢控制在自己手中。特别是新任九门提督崇礼素为慈禧太后赏识，是反对维新变法的清廷元老，他所指挥的京城禁卫军成了直接镇压维新派的刽子手。

八月初六（9月21日），慈禧太后宣布重新"训政"，不经过军机处，直接给刑部尚书兼步军统领崇礼下达密旨，令锁拿康有为。时康有为已离京南下。八月初八（9月23日），逮捕了杨锐、刘光第、谭嗣同，初九又逮捕林旭。同一天，慈禧太后向步军统领衙门发出"上谕"："张荫桓、徐致靖、杨深秀、杨锐、林旭、谭嗣同、刘光第，均著先行革职，交步军统领衙门拿解刑部审讯。"也就是由步军统领衙门捕人，交刑部收监审问。在政变过程中，步军统领是镇压维新派的直接执行者。

作者简介

杨东梁，1942年生，湖南岳阳人。中国人民大学清史研究所教授、博士生导师。主要从事中国近代史研究，著有专著10部（部分合著），发表学术论文、文章百余篇。

清代处分制度与官员的规避

孟姝芳

奖惩是清代吏治的重要组成部分，处分制度是其中的重要环节。

一、处分制度、类别与程序

为加强吏治，早在雍正十二年（1734）和乾隆二十三年（1758），清政府即分别制定了《吏部处分则例》和《兵部处分则例》。随后至光绪朝，本着五年一小修，十年一大修的原则，清政府对《处分则例》进行了数十次修订，具体规定了处分机构、处分程序等，同时按照吏、户、礼、兵、刑、工六类，将处分按照事由分类纳入。处分制度不断完善，成为清代处分文武官员的直接法律依据。

清代的官员处分主要指朝廷对在职官员在行政过程中所犯的过失、过错给予的一种行政制裁，不牵涉刑事治罪。吏部的考功司专掌文官的处分，兵部职方司专掌武官的处分，都察院作为清代最高的中央监察部门，专掌吏部和兵部各级官员的处分。

清代的官员处分分为罚俸、降级、革职三大类。罚俸是处分中最轻的一级，以罚取官员所得的俸禄为目标，有罚俸一个月、两个月至两年共七个等级。其上是降级，分为降级留任和降级调用。降级留任的官员按照所降之级支取俸禄，但可保留现有职位，从降一级留任到降三级留任共三个等级。降级调用是给予官员实降，俸禄和职位都要实降，有降一级调用到降五级调用五个等级，是较重的一类处分。最重的是革职处分，官员一旦被革职，即永不叙用。

清代处分官员的程序一般有五个环节。一是处分的提出，由本人或其相关的上司机构提出，官员品级不同提出方式也会有所区别。二是对处分的议定，先由享有处分权的部门根据处分法规，对官员的过失、过错进行初议，再由皇帝对初议结果进行最终裁定。三是处分的执行，根据处分最终裁定结果，由吏部、兵部分别负责执行。四是处分的解除，官员在法定的处分期满（一般为三四年）之后，由本人或其上司向吏部、兵部提出解除处分的申请，一般在此期限内没有再受处分，则其处分就可按时解除。五是处分的救济，主要体现在官员的自行检举权和官员对处分的申诉权。这样既保障了官员的权利，又防止了督抚的滥参和处分机构的滥议。

封建社会的专制特征决定了皇权要得到强化，必须加强对官员的有效控制。为了实现对各级官员的控制，皇帝借助于各种权术手段，尤其注重对各级官员过失、过错的处分。隔一段时间就对官员过失进行检查，加以谴责，使其心存戒惧，必要时予以处分，但是却仍用其办事，日后再据实提拔，由此造成官员的处分也不可避免。在这样严格的处分制度的威慑下，清代官员在仕途、生活乃至精神上都受到一定程度的约束。

二、官员对处分的规避

大多数官员不会甘心接受处分，"处分重，则人思规避"。官员规避处分的方式主要有：

以"无为"规避处分。这是当时官场中颇为盛行的一种规避方式。官员为避免处分，对于各种政务不愿实心办理，常常抱着多一事不如少一事的心理，遇事尽量化大为小，化小为无。对于吏治民生也不着急，只求保住官位。对于政事不求有功，但求无过。这种规避，危害很大。

以篡改文书规避处分。清代曾经出现过很多教会，最有影响的是天地会。天地会最初在福建、台湾等地陆续出现，是清代官府严厉打击的对象。清政府认为，"从来倡教立会，最易煽惑人心，为地方之害"，因此而规定的失察处分较重。地方官员为避免因失察而导致罢爵丢官，就想尽一切办法来规避，如在上报文书中把"天地会"改名为"添弟"二字，希图化大为小，规避处分。

以记过替代处分。记过是将官员的失职行为在地方记录注册而不直接劾参上报吏部，因此有过失的官员不会受到真正的罚俸或降级。这种记过是对其处分的一种弹性处理，并没有实质性的政治和经济影响，随后又可改可消，致使这种风气在全国各省盛行，成为地方督抚回护下属、规避处分的一条途径。

以讳匿不报规避处分。乾隆年间曾有一案，湖北江陵县有一民妇蒋竺氏，其家中衣物被劫，由于历任知县讳盗匿详怕担处分，此案直到 10 年后才被发现。可见，为了避免处分对其切身利益造成损害，官员不顾民意，竟连小小盗案也要刻意隐瞒。

以加级记录规避处分。《处分则例》规定，官员功过可以相抵，可以凭借获得的加级记录来减轻处分。因而，各级官员都想尽一切办法取得加级记录，"赶捐加级"（利用财物获得加级），即为其一。如乾隆十九年（1754）安徽巡抚尤拔世，因为没有按时上报本省马匹疲瘦状况，被降二级调用。本可加恩从宽留任，但因尤拔世试图以赶捐加级以抵消处分，乾隆帝见其用心取巧，反不准其抵消，并加重了对他的处分。

三、清政府对官员规避的应对

处分本是清政府维护其有序统治的手段，却不料出现了种种规避行为，且造成不良后果。为维护朝廷和制度的威严，清廷从三个方面对规避行为予以应对。

第一，不断完善处分条例。为有效约束官员的治政行为，达到"官司有所守，朝野有所遵"，清代曾系统地制定了多部处分法规，并不断对疏失、不当之条进行删改。先是乾隆年间，将"事涉具文、无关政治"的条例大加删改。后在嘉庆年间，又将"烦苛无当"的条例进一步删减。在一定程度上精简条例，从而减轻、纠正了对官员的不恰当处分。

第二，调节从重处分。清代吏部、兵部处分官员，基本上是按照处分条例予以定议，处分往往较重，官员不是被实降数级，就是被革职。但是，如此众多的官员或降调或革职，对于封建统治者而言，也会造成人事调配上的困难。在这种情况下，皇帝往往会加以干预，对涉事官员从轻发落。一方面维护了制度的合理性，另一方面又显示了"皇恩浩荡"。乾隆帝的做法是，对于官员的处分，依据情节的轻重、过失的性质斟酌而行，给予适当从宽，对制度的僵化、不完善予以调节，把人治与法治相结合。

第三，加重处分规避官员。有的官员出现失职、渎职、溺职,却不愿为这些行为负责。对于这类官员的规避,则依据"以法治吏"的原则,加重对其规避的处分。《处分则例》中规定,"规避降革处分者革职","该管官降二级调用",将原有的降级处分提升为革职处分,以警戒那些敢于规避处分的官员。如当某地区发生案件时,主管官员假装出差或者谎报出差时间,查实后将被革职永不任用。本来是降调的处分却招致革职,对那些投机取巧、规避处分的官员而言,其面临的是更为严厉的制裁。

清代是中国古代封建专制集权统治的最后一个王朝,朝廷试图通过制度来约束管理各级官吏,而官员们为避免因处分危及其切身利益,往往利用制度的漏洞,采取种种手段进行抵制和规避。因此,处分制度的实施效果受到一定影响。

作者简介

孟姝芳,1974年生,内蒙古丰镇市人。内蒙古大学历史与旅游文化学院副教授。专著有《乾隆朝官员处分研究》,论文有《蔡珽与年羹尧案关系初探》《多尔衮入关之初是否取消了"三饷"加派》等十余篇。

1679 年京师大地震与康熙朝政权建设

刘文鹏

康熙十八年七月二十八日（1679 年 9 月 2 日）上午 10 时许，北京发生强烈地震，"声如雷，势如涛，白昼晦暝"。至下午 6 时，地震仍反复发生，且烈度很高。北京城内的宫殿、官廨损坏严重，民居十倒七八。之后的十余天里，强烈余震依然严重。通州、良乡等城墙全部塌陷，"裂地成渠，出黄黑水及黑气"。康熙帝到景山上避震三天三夜。时值炎夏，遍地死尸，恶臭满街，惨不忍睹。八月十九日至二十一日，北京城大雨滂沱，九门街道积水成渠。直至九月，余震仍然不断发生，且波及今河北、内蒙古、辽宁、山东、河南、山西、陕西、甘肃、江苏等省区 130 余县。

实修人事，挽回天心

康熙帝一面避震，一面发布上谕，令各级官员详察灾情，又令户部、工部筹措赈济灾民事务：京城内外军民房屋倒塌者，旗人房屋每间给银四两，汉人房屋每间给银二两，死后不能棺殓者每名给银二两。接着康熙帝又命发内库帑（tǎng，公款）银 10 万两赈济。通州、三河等处受灾严重，死尸多无人收殓。康熙帝命令户部和工部派员携带银两前往收殓尸体。到十一月，又下令蠲（juān，免除）免通州、三河、平谷等地本年地丁钱粮；对于灾情较轻的香河、武清、永清、宝坻、蓟州、固安等地，当年赋税仅征十之二三。

早在康熙十二年（1673），即三藩之乱爆发时，北京就发生过一次小级别的地震。当时康熙帝曾说："此乃天心垂异，以示警也。"并表示要益加修省，改进朝政。而1679年的地震，无论破坏力还是政治影响都远远大于以往。在处理地震善后问题上，睿智的康熙帝迅速由赈济延伸到统治政策的调整，将此次由地震带来的政治震动，变为加强政权建设的机会。

康熙帝认为，发生这样大规模的地震，是因为朝廷上下"用人行政，多未允符"，官员们或罔上行私，或贪纵无忌，或因循推诿，或恣肆虐民，"是非颠倒，措置乖方，大臣不法，小臣不廉，上干天和，召兹灾眚（shěng，灾异）"。震后第二日，康熙帝就以"实修人事，挽回天心"为宗旨发布上谕，命部院三品以上及科道官、各省督抚，就"目今应行应革事宜"进行奏报，并就本人任职情形据实自陈。同时，康熙帝又下谕旨，指示监察官员参劾不法，保护百姓，以期挽回天心。

震后第三天，七月三十日，康熙帝再次发布上谕，直接指出官员们枉法害民、上干天和的六个方面。一是民生困苦却饱受苛派勒索，使民怨之气，上干天和，招致水旱、日食、星变、地震、泉涸之异。二是大臣朋比徇私者甚多，推选任用官员时，都举荐亲信，只重视办事有无能力，却忽略德行。三是驻军之地诸王、将军、大臣多掠占百姓子女，或借通贼之名，焚毁百姓房屋，掠夺财物。四是各地官员水旱灾害发生时，谎报灾情，欺上瞒下，侵渔赈济，使穷者益穷。五是司法官员审案时，改造口供，草率定案。又有衙门蠹役，恐吓索诈，导致很多百姓家破人亡。六是包衣（满语"包衣阿哈"的简称，意为家奴）下人及诸王、贝勒、大臣家人，常常抢夺百姓财货，干预词讼，各级官员对这些人唯唯诺诺，反行财贿。对此，康熙帝非常严肃地指出，大小臣工，若不实加修省，纵能逃国法，亦不能免天诛也。

三天之内，康熙帝接连发布上谕，口气之严厉，实属罕见。而他把朝廷行政人事之腐败归结为上天以大地震示警，并以此为契机进行调整，目的是向世人宣扬其治国理念，即对儒家思想的学习、遵奉和实践，以加强政权建设。

尊孔重儒，笼络汉人

地震后的八月丁丑，康熙帝以地震为由遣官告祭天坛。九月庚戌，康熙帝再次亲自前往天坛祈祷。一方面通过祭天向上天报告治理天下状况，以此向天下万民表明天子之权乃上天所赐，表现皇权"受命于天"的至高无上性。另一方面，重大自然灾害的发生，常被看做是上天示警，君主需要自我反省，调整政策，除奸去恶，以合天意。

康熙帝这样善后有着深刻的政治背景。这一年，清朝入关仅35 年，康熙帝才 24 岁。在他之前的顺治、多尔衮执政时也都很年轻。入关后，摆在这些年轻的满族统治者面前最大的挑战不仅仅是军事征伐，更重要的就是如何实现对一个多民族、且以汉族人口占绝对优势的国家的有效统治。崛起于东北一隅的满族人，显然还没有足够的政治经验来应对这些问题。特别是在与汉族士人合作的问题上，满族统治者内部一直存在着斗争。保守派主张维护满洲人的文化、风俗和利益，排斥汉文化，对汉族士人采取强硬政策。以皇太极、多尔衮、顺治帝为首的开明派，主张既要保持满洲风俗，又要消除其自身的陋规陋习，尊崇儒学并笼络和重用汉人。同时，清朝对汉人的政策又出现反复。自顺治末，到以鳌拜为首的四大辅臣执政时期，先后发生了一系列针对汉族士人的大案，圈地、投充和逃人等法令也得到严厉贯彻，使满汉关系十分紧张。原先多尔衮和顺治帝时期许多笼络汉人的政策被废除。这些都说明，以什么样的政治理念治国，清初的统治者内部并未达成一致。

康熙帝亲政后，保守派势力日渐消退，自鳌拜辅政时期以来的很多极端政策被纠正，满汉关系有所缓和。康熙十六年（1677）十一月十八日，康熙帝正式设立南书房制度，以陪皇帝读书写字为名，延请张英、高士奇、徐乾学等汉族名士到南书房参与机要。他们成为康熙帝遏制满洲权贵、治国理政的得力助手。自十七年正月开始，康熙帝开特科大举征召博学鸿儒，使许多明朝遗民重新入仕新朝。

康熙帝明白，满洲人的利益固然需要保护，其骑射、国语的传统固然需要坚持，但都不足以成为治理天下的王者之道，统治一个多民族的、且以汉民族为人口主体的帝国，仅凭满洲人自己的经验远远不够。满洲人能够借鉴的有效治国之道只有传统的儒家思想，"尊孔重儒"是唯一的选择。京师大地震无疑成为康熙帝向世人表明其治国理念、笼络汉族士人的一个重要机遇。

强化政治统治的合法性

康熙帝调整统治政策、明确治国理念的更深层意思，就是进一步塑造和强化清朝政治统治的合法性。

1679 年京师大地震的另外一个重要的政治背景，是清朝平定"三藩之乱"（1674—1681）的战争已取得决定性胜利。在大地震的前一年，即康熙十七年八月，吴三桂病死，清军基本上收复了湖南全境，由防御转为进攻，长驱直入，三年后彻底肃清三藩势力。学界一般都把这件事视为清朝康乾盛世的开端。康熙帝能够整合全国之力剿灭声势强大的三藩，甚至"反清复明"的口号也未能动摇清朝统治，相反，很多汉族士大夫对清朝忠心耿耿、杀身成仁、舍生取义，表明清朝政权已经开始获得汉族士人认同，其统治的合法性已经得到认可。

明清交替之际，很多士大夫将满族人视为"夷狄"，再加上清初剃发、易服等一系列暴政的推行，极大地刺激了汉族士人的民族主义，清朝政权的合法性一直受到汉族士人的质疑。直到康熙时期，明朝的很多遗民如顾炎武等仍然拒绝入仕清朝。1679 年京师大地震后，康熙帝采取的措施，不仅表明他在遵循传统儒家思想来应对天灾，而且通过祭天祈祷来强化皇帝代百姓向上天请命的"天子角色"。

1679 年的京师大地震是发生在康熙朝政权建设过程中的一件事情。康熙帝迅速采取一系列措施，将善后工作从赈灾延伸到政策调整和政治思想领域，把坏事变好事，把地震善后变为向世人宣扬统治理念、进一步获取汉族士人支持、强化政权合法性的机会，表现出一个封建统治者的政治智慧。

作者简介

刘文鹏，1972 年生，河北宁晋人。中国人民大学清史研究所副教授、历史学博士，研究方向为中国古代政治史。专著有《清代驿传及其与疆域形成关系之研究》，发表学术论文十余篇。

康熙朝的 "张元隆案"

唐 博

康熙四十九年（1710），江苏巡抚张伯行在查勘当地船队及其对外贸易的过程中发现，大海商张元隆与两江总督噶礼互相勾结，贩卖大米出洋贸易。张伯行直言上奏，而噶礼则反参张伯行公报私仇，此案引起了轩然大波，一时间朝野为之侧目。在此案中，享有 "天下清官第一" 美誉的张伯行与江南官商之间展开了激烈的交锋，而康熙帝对此案的处理则让我们看到处在 "盛世" 之下帝王的选择。

一

张元隆，上海县人。他家拥巨资，在各处开设洋行，数十只商船经常贸易往来于东、西洋及关东等处，是江浙沿海有名的大海商。当时每造一船，需银七八千两，张元隆实力雄厚，于此可见一斑。此外，张元隆常以洋货贿赂官员，其贸易活动长期得到官府的庇护。张元隆曾通过其弟张令涛（两江总督噶礼的女婿）向噶礼行贿，贿赂品足足装了十多船。作为 "回礼"，噶礼调用水师战船，以缉私为名，帮助张元隆偷运从苏州采购的大量稻米到宁波，而后将稻米转移到张元隆的商船上出海贩卖。按清朝的律例，用战船运送稻米，仅限于官方运送赈灾物资和异地调剂供应等需用。张元隆借用战船运米，避开海关盘查，顺利实现了卖米牟利的目的。

当时官方并未禁止出口稻米，做稻米生意的也不仅仅张元隆一家，但张元隆以重金贿赂噶礼，用战船运输稻米，引起了张伯行的警觉。张伯行认为，张元隆是海贼的帮凶，他贩卖稻米出洋，除了赚钱，还有资助海贼的可能。然而，这些始终缺乏证据。尽管如此，张伯行还是呈上奏折，弹劾噶礼受贿和纵容张元隆贩卖稻米出洋，并下令逮捕张元隆及其属下船主，进行审查。

张元隆不堪牢狱之苦，竟病死狱中，还有 12 名船主耐不住严刑拷打亦相继毙命。这样一来，张伯行不仅陷入死无对证的被动境地，还有草菅人命之嫌。不甘示弱的噶礼也在此时向康熙帝上奏辩白，说张伯行因与自己有仇，便假张元隆案公报私仇，并使很多受牵连的人死于狱中，造成恶劣后果。

事态发展至此，康熙帝便派赫寿前往调查。这位新任的两江总督认为，张伯行指控张元隆、张令涛等人是海贼并无实据。康熙帝后来又派吏部尚书张鹏翮（hé）及副都御史阿锡鼐前往复审。张鹏翮也是清官，但他并未袒护张伯行，而是一再审问调查，令张伯行无力应付，只好"自认诬参"。

康熙五十四年（1715）七月，张鹏翮奏陈张伯行诬陷良民、枉奏海贼、挟诈欺公，应处以斩监候（即死刑缓期执行）。康熙帝谕谓："噶礼才有余，治事敏练，而性喜生事，屡疏劾伯行。朕以伯行操守为天下第一，手批不准。此议是非颠倒！"下令九卿等再次察奏。后又谕称"噶礼操守，朕不能信"，若无张伯行，江南就被他盘剥了一半了。康熙帝虽远在京城，但对此封疆大吏互相弹劾之案，看得非常清楚，他明白派去查案的官员必"为噶礼所制"，在康熙帝眼中，"张伯行操守虽好，而办事多糊涂执拗之处"。九卿等认为，噶礼与张伯行同时担任地方最高长官，互相弹劾有失大臣体统，都应撤职。康熙帝怜惜张伯行廉洁清正，命其留任，噶礼则按议罢官。为了使江南官场不至于陷入混乱，他将张伯行调进京城，命南书房行走，署仓场侍郎。

张伯行对张元隆的追查，体现了其国事至上的责任心。虽然他触犯了江南高官的利益，被江南官场孤立，但他为官清廉，声望很高。在他被革职的时候，苏州民众竖起黄旗，赴张鹏翮公馆，请求保留其巡抚之职。

二

"张元隆案"的发生，有其复杂的时代背景。

康熙二十二年（1683）统一台湾后，清廷便逐步取消了"迁界禁海"政策。作为外贸开放口岸之一的上海，得太湖之便利，丝织品资源丰富，海上贸易极其繁盛。康熙四十六年（1707），清廷又取消了不许民间私造双桅以及多桅海船的禁令。这些都推动了造船业的发展和商船队的兴起。

进入18世纪，自给自足的中国自然经济，加之较小的大众购买力，导致对海外商品的需求有限。而深受西方市场欢迎的中国茶、南京布和中国瓷器，则大量出口，源源不断地换回白银。于是，在中外贸易中，中国长期处于出超地位，中国市场似乎成为全球白银流动的终点站。

然而，白银大量内流，必然引发通货膨胀，虽然其带来的物价上涨是温和的，但一旦累积多年，涨幅也是很明显的。康熙帝当然无法把白银内流与米价上涨联系起来，但他敏锐地注意到："朕前巡幸南方时，米价每石不过六七钱。近闻江浙米价，每石竟至一两二三钱。"在他看来，"天生物产，只有此数"，如果稻米大量出口国外，国内一定供给不足，米价也就必然上涨，不利于社会稳定。特别是米价上涨发生在素称"鱼米之乡"、在 17 世纪曾经激烈反抗过清廷征服的江南地区，更令他寝食难安。

当时，虽然国家已经统一，但南方及海外反清势力，仍是清廷的肘腋之患。18 世纪初对外贸易的扩大，使康熙帝产生了一种不祥的预感："海外如西洋等国，千百年后，中国恐受其累。"因此，张伯行奏陈的"内地之米，下海者甚多……其载往千百石之米，特为卖与彼处耳"的说法，引起了康熙帝的警惕。在他看来，"米粮贩往福建、广东内地尤可，若卖与外洋海贼，关系不小"。他担心张元隆这样的大海商串通海外反清势力，为了牟取暴利，把稻米出口给后者，威胁清朝对东南地区的统治。于是，张伯行禁止稻米出口的建议，在张元隆死后的第四年被纳入了《大清律例》的例文："至渔船出洋，不许装载米、酒……违者严加治罪。"乾隆元年（1736），这条例文又被具体化为："奸徒偷运米谷潜出外洋接待奸匪者，拟绞立决。"

康熙帝由此而对江南官员与地方绅商卷入海外贸易产生了极大的不安。于是，之前的开放政策在此时发生了逆转，康熙帝坚决地罢黜噶礼，也是给江南官员以明确的警示。

三

就在张伯行不遗余力地追查张元隆船队的同时，英国东印度公司正高举米字旗，在全球大肆扩张，为工业革命进行着市场开拓和资本积累。倘若清廷在打击张元隆与噶礼官商勾结走私出口大米的同时，支持合法的对外贸易行为，并为之创造宽松的贸易环境，将对中国发展外向型经济和开拓海外市场非常有利。特别是在 18 世纪中国土地与人口矛盾日渐突出的形势下，拓展海外发展空间存在十分迫切的客观需要。

但是，清代的中国却始终未能走出这一步。康熙帝把政治稳定放在第一位，首先考虑的是如何牢牢控制江南地区。从某种意义上讲，康熙放弃了一次有可能突破经济和社会发展瓶颈，推动中国社会向近代转型的契机；放弃了一次依靠民间经济力量控制东南亚贸易航线，从而重构中国东南海疆国防线、开拓中国经济增长新空间的良机。

"张元隆案"后不过年余，清政府于康熙五十六年（1717）再颁"禁海令"，规定内地船只不许到"海贼之薮"的南洋进行贸易，"张元隆案"实际上成为南洋禁航的前奏。当时南洋一带为西方殖民势力所控制，康熙帝更加害怕西方殖民者支持江南势力的反清斗争。之后，清朝在对外贸易问题上逐步走上闭关锁国的道路，直到1840年，古老帝国的大门终于被西方的坚船利炮撞开。张元隆的海商船队成为那个时代的牺牲品，而这绝不仅仅是一支船队的悲剧。

作者简介

唐博，男，1981年生于河南郑州。中国人民大学历史学博士，国务院台湾事务办公室秘书局主任科员。在清代康乾盛世、北洋舰队，近代城市住房以及黄河水利史领域有一定研究。出版专著3部，发表学术论文及各种作品50多篇。

嘉庆皇帝整顿吏治

张玉芬

　　清入关后的第五代皇帝嘉庆，与他的祖辈相比，实在算不上一个雄才大略、有为有守的皇帝。然而，在嘉庆初整顿吏治过程中，其崇尚的一些治政理念，却值得称道。

　　清朝自乾隆中期以后，吏治日渐废弛，官风日益败坏，其表现不仅仅是官员的营私枉法，更为普遍的是各级官员的怠惰偷安，因循塞责。在地方，"政以贿成，人无远志，以疲软为仁慈，以玩愒（kài，贪）为风雅，徒博宽大之名，以行徇庇之实"；在中央，大员们"全身保位者多，为国除弊者少；苟且塞责者多，直言陈事者少"。

　　嘉庆四年（1799），嘉庆帝于内外交困中亲政。其时嘉庆帝已36岁，并已做了3年儿皇帝，对当时的吏治官风有着清醒的认识。他对直隶总督颜检说："方今中外吏治，贪墨者少，疲玩者多。因循观望，大臣不肯实心，……小官从而效尤，仅知自保身家。此实国家之隐忧，不可不加整顿。"整顿吏治官风从何着手，除了惩治贪污腐败而外，嘉庆帝认为，"勤"对天子百官和老百姓来说，都非常重要。他在亲撰的《勤政殿记》一文中指出，自天子以至庶人，皆以勤为立身之本，君勤则国治，怠则国危；臣勤则政务有条不紊，怠则政务紊乱无序；为学者不勤则学业无成；种田者偶尔怠惰一下，则收成顿减。各行各业所司之事虽不同，理皆相同。对国家而言，内而六部九卿，外而各省封疆大吏，若都能昼夜操劳公事，勤劳弗懈，众志成城，有什么问题不能解决呢？"若心存懈怠，身耽安逸，惟知尸禄保位，国计民生漠不动念，则政事废弛，其害可胜言哉！"

嘉庆帝在竭力倡导勤政的同时，以行实政要求朝廷百官。他认为，有实心才会行实政，有实政才能实实在在惠及于庶民。而那些怠惰疲玩的官吏，正是因为他们"视民如草芥，为政全无实心，爱民全无实惠"，才会"慢易居心，悠忽度日"，才会靠作伪粉饰以欺世盗名。

嘉庆帝在要求百官行实政时，以行实政自律。他对于自古以来，封建帝王十分注重的景星庆云、吉语祥瑞之事，采取明确的排斥态度，对于天人感应之说，也有自己独到的见解。他于亲政不久，即颁谕内阁，申明："惟以时和年丰为上瑞，从不敢铺陈符应，粉饰太平。盖以人君侈语嘉祥，易启满盈之渐；不讳灾异，始知修身之方。古所称麟凤来游，或亦出于附会，未可尽信；而上方垂戒，象纬昭然，实为天人感应之机，不可不时深敬凛。"但这道御旨并未引起有关官员的重视。不久，钦天监以"日月合璧、五星联珠"的天文现象，作为吉祥之兆奏报，遭到嘉庆帝的严厉申斥："日月合璧、五星联珠，皆为前代史册所载，朕亦粗知算法，其躔（chán，天体运行）度运行，无难推算而得"，"此等铺陈，侈言祥瑞，近于骄泰，实为朕所不取"。其后，又发生光禄寺卿钱楷，因京师久旱不雨，要求停止正在紧张施工的正阳门外石路工程以求雨之事，嘉庆帝断然拒绝，明确告之："修省在实政，无事傅会五行！"

嘉庆帝亲政后，面对阶级矛盾极度尖锐的社会现实，十分注重了解民情、民隐。在当时的社会条件下，获取真实的社会各个层面的信息，一是靠言路的畅通，更主要的是靠地方官员，尤其是作为封疆大吏的各直省总督、巡抚及时准确的奏报。然而当时许多地方官员，为了博取名利，往往热衷于歌功颂德、粉饰太平。嘉庆帝力图扭转这种官场风气。嘉庆四年，爆发于湖北的白莲教大起义延及四川，起义军与清军在川省广大区域激战正酣。就在此时，四川布政使林㑺却以"民情安贴"奏报。林㑺的粉饰之辞，遭到嘉庆帝的严厉指斥。嘉庆帝据此再次告诫各省大吏："朕所望者，惟在汝等此数字切实奏报耳。若仍不实告，惟务粉饰取悦，则间阎疾苦从何而知？"警告他们："嗣后不许说假话，以实告，慎志勿忘。"

嘉庆帝不许地方官员于常规报告中说假话，对官员们讳灾不报的行为尤其深恶痛绝。对于这样的官员，就不是警告，而是严厉惩治。嘉庆五年（1800）一月，云南威远一带遭遇严重水灾。烧盐的井灶、盐仓、民房、衙署，多被冲塌。被灾百姓、盐工达3400余丁口，冲坍房屋1400余间。云南巡抚江兰，不仅对灾情隐匿不报，更为恶劣的是，在嘉庆帝派人已经对灾情查证确实后，江兰仍不据实陈奏，坚称被灾地区收成十分丰稔（rěn，庄稼成熟）。嘉庆帝认定江兰存心讳灾不报，纯属"玩视民瘼"，立即将其革职。不久，嘉庆帝颁发谕旨，严诫督抚讳灾。他说，督抚讳灾不报，"于间阎生计殊有关系。地方水旱灾祲，……惟在该督抚等及早驰奏，蠲赈兼施，用苏民困"。如果各省督抚"匿不上闻，则小民饥困无依，或致别滋事端"。为了防止老百姓因饥困而生事，嘉庆帝再次令各省督抚，在地方收成减少、水旱成灾时，"必须飞章入告，纤悉无隐"，"若有讳饰，必当严办示惩，江兰即前车之鉴也"。嘉庆帝虽然因惧饥民生事而要求了解灾情，对灾民及时加以蠲赈，但其做法对于饥民来说未尝不是件幸事。

　　江兰的前车之鉴，对大批说惯了假话的官员，并没有起到多少警示作用。嘉庆七年（1802），山东发生了严重蝗灾。嘉庆帝颁发数旨，饬令地方详查灾情。山东巡抚和宁竟在奏报中声称："济宁等州县间有飞蝗，并不食稼。"嘉庆帝斥和宁讳灾不报，将其以溺职例革职。两年之后，同样的情况又发生于直隶。直隶总督颜检，在奏报直隶当年收成和蝗灾情况时，谎话连篇，不以实情报告。颜检在麦子尚未收割时，就先说大话，称直隶小麦可获"十分"收成。嘉庆帝对预报产生疑问："十分乃系上稔，岂可多得？……实未免措辞过当。"颜检继而又隐瞒直隶蝗灾灾情，以及由蝗灾造成的损失情况。当嘉庆帝在宫禁中发现了飞蝗，令颜检查明直隶境内蝗灾情况时，颜检于复奏中却说直隶蝗虫现已捕扑尽净，谎称飞蝗不伤庄稼，惟食青草。嘉庆帝已经掌握了蝗灾造成损失的情况，仅在广渠门外，田禾被蝗虫吃掉的已有十分之四，其余各州县均有蝗蝻，谷粟被伤甚为严重。至于说到直隶境内的蝗虫已被捕扑尽净，嘉庆帝认为更属弥天大谎。因其在宫中批阅奏章时，飞蝗竟然落在御案上，太监一下子就捕捉到十余只。宫禁既有蝗虫飞入，郊原田野更不知几何。嘉庆帝对谎话连篇的颜检加以惩治。颜检被以欺罔、粉饰之罪，交部议处，并被严厉警告："嗣后惟当痛改前非，实心任事，遇有地方灾欠事务，尤当一面查办，一面据实陈奏。……若再有讳匿迟延，经朕查出，必当将该督严行惩处，不能曲为宽贷矣。"其后，嘉庆又借颜检讳灾不报事件，告诫各省督抚："总之，粉饰之习一开，则督抚等惟事敷陈吉语，而属员意存迎合，日久相蒙，必至一切国计民生之事，概不以实上陈。"在嘉庆帝看来，封疆大吏若事事务求粉饰，以欺罔皇帝为能事，哪里还谈得上对地方政务的治理。

　　嘉庆帝想听到来自地方的真实汇报，也想看到地方的真实情况。他在巡幸五台山时规定：不准预备途间及山之上下一应戏台、杂技、假山、假亭等点缀，庙前不准设戏台演戏。嘉庆帝对于过去地方官在皇帝巡幸沿途空缺之处，用席片搭盖假山，以颜色涂抹遮蔽脏乱之处，对沿途民间村庄庐舍曲加粉饰等做法十分厌恶。他曾说，跸路所经民间村庄庐舍，完整者可以观其丰盈景象，其颓垣陋室亦可借以知民生疾苦，正是了解地方、察看民情的有效途径，符合"省方观民"的要义。

嘉庆帝亲政后，花大气力来转变官场疲玩矫饰之风，使一批实心任事的官员在嘉庆初政的兴利除弊中，发挥了积极作用，政局也有一定改观。但从整体上来说，官场风气并没有得到根本转变。嘉庆十八年（1813），两广总督蒋攸铦（xiān）在奏报地方吏治情况时说："臣观近日道、府、州、县，贪酷者少而委靡者多。夫阘茸（tà róng，庸碌低劣）之酿患，与贪酷等。窃以为方今急务，莫先于察吏，而欲振积习，必用破格之劝惩。凡贪酷者固应严参，平庸者亦随时勒休改用。……其有勤能者，即请旨优奖。"其所称"贪酷者少而委靡者多"，与嘉庆初年嘉庆帝所说，方今中外吏治"贪墨者少，疲玩者多"，如出一辙。可见，清朝惩治贪酷者难，转变官场的风气更难。

作者简介

张玉芬，1944年生于江苏南通。辽宁师范大学教授。主要从事清史及中国近代史教学和研究，著有《清代皇嗣制度》《清嘉庆帝评传》《清道光帝评传》等，主编《清朝通史·嘉庆卷》《中国近代史》等学术著作。

陈德行刺嘉庆皇帝案

李国荣

在明清两朝 500 年的紫禁城宫廷史上，发生过一起皇帝在宫内遭遇刺客的事件，这就是清朝中期的陈德行刺嘉庆皇帝的惊天大案。

在此之前，传说雍正朝有个侠女叫吕四娘，他的父亲吕留良因文字狱案，被雍正帝刨坟碎尸。吕四娘逃脱了官府的追捕，为了报仇，练了一身好武艺。她寻找机会混入皇宫，挥剑砍去了雍正帝的脑袋，因此，安葬雍正帝时，只好铸造了一个金头来替代。然而，这个充满传奇色彩的故事，只是野史传闻，并不是历史事实。而嘉庆皇帝在皇宫遭遇刺客，却确有其事。

一、皇宫大门内的短刀行刺

这桩刺杀皇帝的大案，发生在嘉庆八年（1803）。这年的闰二月二十日，嘉庆皇帝从圆明园返回皇宫。就在这一天，一个叫陈德的壮汉，带着年仅 15 岁的大儿子陈禄儿，神出鬼没地混进紫禁城的东华门，绕到皇宫的北门神武门，潜伏在神武门旁顺贞门外西厢房的山墙后，等待嘉庆皇帝銮舆的到来。

当嘉庆皇帝的座轿进入神武门，刚要转向顺贞门时，陈德突然蹿出，手持尖刀，直奔皇帝冲了过去。这突如其来的袭击，吓坏了守卫神武门、顺贞门之间的上百名侍卫，他们一个个呆若木鸡，不知所措，危急时刻竟没有一人上前抓捕。只有嘉庆帝的侄子、御前大臣定亲王绵恩，嘉庆帝的姐夫、乾清门侍卫喀尔喀亲王拉旺多尔济，乾清门侍卫、喀喇沁公丹巴多尔济和御前侍卫扎克塔尔等6个人，还算镇定，紧急关头挺身而出，一边护卫嘉庆帝的轿子，一边奋力捉拿刺客。嘉庆帝坐着轿子，很快躲入顺贞门内。经过一番搏斗，绵恩的衣服被刺破，丹巴多尔济的身上被刺伤三处。刺客陈德奋力搏斗，但最终寡不敌众，很快被制服捉拿。陈德的儿子陈禄儿，竟然乘乱溜出皇宫，跑回北京的家里，很快也被捉拿。

这次皇宫行刺，嘉庆皇帝虽然没有受伤，但也受到不小的惊吓。发生在大内的刺杀皇帝案，如同一场政治强震，惊动朝野，闹得人心惶惶。

二、陈德行刺为哪般

刺客陈德究竟是个什么人物？他要行刺大清皇帝的动机到底是为了什么？陈德的背后是否有着隐秘的历史背景？陈德是从东华门进入皇宫的，而从东华门到行刺地点神武门还有很长一段距离，他有什么特殊"本事"在官兵的眼皮底下自由穿行？在陈德"犯驾"之后，这一连串的问题成为人们关注的热点。

陈德从小跟随父母在山东的青州、济南一带游荡，靠给人做仆役打工辛劳度日，勉强糊口。陈德娶妻成家后，父母双亡，他便带着妻子来到北京，投靠他的外甥、内务府正白旗护军姜六格。姜六格是内务府的包衣，也就是皇家奴仆，陈德于是有机会到内务府造办处服役，并渐渐地成了嘉庆帝的諴（xián）贵妃刘佳氏身边的人，为她配送锅碗瓢盆，办理日常生活物件。陈德因为给諴贵妃跑腿，而得以经常出入紫禁城、圆明园等皇家禁地，对宫廷的门禁、宫内的行走路线以及皇帝的护卫情况，也就比较熟悉。

后来，陈德的妻子死去，他也被内务府解雇，生活没了着落。陈德生活在社会的最底层，身为奴仆，时常被人指使笑骂，饱尝人间辛酸，同时他又曾接触过皇家权贵，亲眼看到皇室的奢靡生活，这使他深深感到人间的不平，心里越来越仇视权贵。在生活穷困潦倒的情况下，陈德十分苦闷，精神也不太正常，"时常喝酒，在院里歌唱哭笑"。嘉庆八年的春天，陈德在"实在穷苦难过，要寻死路"之时，找人算了一卦，求的签说他有"朝廷福分"。闰二月十六日，陈德在街上看到人们在用黄土垫道，经过打听得知嘉庆皇帝要在二十日从圆明园进宫，于是萌发了干一番惊天动地的"大事"的念头。

陈德行刺，在背后是不是有反朝廷的秘密社会组织在操纵，这是嘉庆皇帝特别关注的。从把陈德抓起来的当天开始，嘉庆帝就命令军机大臣会同刑部尚书，日夜严审，一心要挖出行刺事件的背后指使者。但是，陈德"所供情节，出乎意料"，坚持说并没有谁指使他这样干。嘉庆帝又加派满、汉大学士和六部尚书，对陈德进行会审。在这一连串的审讯过程中，他们对陈德用尽了各种各样的酷刑，诸如"彻夜熬审""拧耳跪炼""掌嘴板责""刑夹压棍"等等。大刑之下，皮开肉绽的陈德"仍如前供"，"矢口不移"，坚持说既没有指使者，也没有同谋者。

连续几个昼夜的严刑审讯，得到的陈德供词是这样的："我就是因生活无路，一家老小没有依靠，实在情急，想找条死路。后来又想，自寻短见，没人知道，岂不是白死。恰好听说皇帝进宫，我就同禄儿溜进东华门，从西夹道走到神武门，混在人群里，看见皇上到了，我便手持小刀，向前冲去。原想我犯了惊驾之罪，当下必定将我乱刀剁死，图个痛快，也死个明白。实在没有别的缘故，也没有别人指使。所说是实。"

显然，陈德行刺，有他穷途末路的生活背景，也有他精神不太正常的因素。曾有人说，陈德是天理教头人林清的党羽，根据考证，嘉庆八年行刺嘉庆皇帝的陈德，与 10 年后的林清天理教起义攻打皇宫并没有什么关系，因为在陈德行刺时，林清还在四处游荡，并没有入教。陈德行刺应属于个案，却又不是孤立的，它至少表明，清朝到了这个时候，社会各种矛盾已经相当尖锐复杂，社会秩序十分混乱，大清王朝到了嘉庆年间，已然走上了衰败之路。

三、嘉庆皇帝对行刺案的处理

陈德行刺，直接危害到皇帝的性命，是再大不过的大逆案。这桩恐怖事件发生后，嘉庆皇帝在短短的 4 天时间里，就快刀斩乱麻一般做了这样的处理了结：

一是酷刑处死凶犯。案发 4 天后，即闰二月二十四日，将陈德凌迟。凌迟，是古代最残酷的一种死刑，先将犯人的胳膊和大腿上的肉一块块割下，然后再割断咽喉。陈德在撕心裂肺的酷刑中图了个"痛快"。对大逆罪，朝廷是要斩草除根的，陈德 15 岁的大儿子陈禄儿和 13 岁的小儿子陈对儿也未能逃脱干系，在同一天被绞刑处死。

二是奖励有功官员。对救驾有功的定亲王绵恩、乾清门侍卫拉旺多尔济，分别赏给御用补褂，并封绵恩的儿子奕绍为贝子，封拉旺多尔济为贝勒，均在御前行走。其他几位护卫有功的官员也各有赏赐提拔。

三是惩处失职官员。对负责皇帝出行护卫任务的护军统领阿哈保、副都统苏冲阿，因对陈德行刺疏于防范，予以革职。其余护卫章京等人也都受到降职处罚。

四是严格宫禁制度。在嘉庆皇帝的谕令下，御前大臣、军机大臣、领侍卫内大臣等共同商讨，制订了十分严密的"宫禁章程二十九条"。同时，还扩大了有关皇帝安全的防御范围，除紫禁城外，在皇帝驻跸（zhù bì，帝王出行时沿途停留暂住）圆明园、临幸西苑、巡幸避暑山庄、打猎木兰围场时，其防卫措施与皇宫要保持一致。

不过，在平常百姓看来禁卫森严的皇宫，在门禁管理上也还是有漏洞的，是有空子可钻的。就在陈德行刺嘉庆皇帝的第二年，即嘉庆九年（1804），一个法号叫了友的僧人，在神武门跟随往皇宫送食物的人，混进了皇宫大门，最终被抓获流放。咸丰元年（1851），京城里一个卖馒头的小贩，偶然在路上捡了一块出入皇宫用的腰牌，就是凭着这块出入证，竟把馒头卖到皇宫里，在紫禁城进进出出两年多，才被发现抓起来。清朝皇宫的警卫确实存在不小的疏漏，由此可见一斑。

作者简介

李国荣，中国第一历史档案馆编研部主任、研究馆员，中国档案学会档案文献编纂学术委员会主任。主要著作有《帝王与佛教》、《帝王与道教》、《科场与舞弊》、《清朝十大科场案》、《实说雍正》（合著）等；担任多项国家级课题研究项目主持人，28集纪录片《清宫秘档》总撰稿及多部历史纪录片主编、历史顾问等。

清代东三省的设立

赵云田

东三省，在清代指的是奉天省（相当于今辽宁省）、吉林省、黑龙江省。顺治元年（1644）清朝定都北京后，即把盛京（今沈阳）定为留都（迁都之后，称原来的都城为留都）。后来，相继设立盛京将军、吉林将军、黑龙江将军，镇守东北广大地区。光绪年间，东北的三将军体制逐渐发生变化，直至最终建立奉天省、吉林省、黑龙江省。

一、东北三将军的镇守

清军入关后，辽沈地区沃野千里，人口极少。为了应对突发事件，增强对盛京地区的威慑力量，康熙元年（1662），清政府设立镇守辽东等处将军，后改称奉天将军、盛京将军。奉天将军的辖区，东至吉林，西至山海关，南至海，北至开原。其职掌是：统率奉天地区满、蒙、汉驻防官兵约 12000 名；统御柳条边门驻防官兵约 440 名，以禁止汉人流入东北；节制奉天府尹，会商盛京户、礼、兵、刑、工五部；管理哲里木盟六旗军务；派兵守卫盛京永陵、福陵和昭陵；督查内务府、宗室王公在奉天地区的庄田和八旗官兵的屯田；管辖奉天地区的驿站。

康熙元年，清政府设立镇守宁古塔等处将军，后移驻吉林，便改称吉林将军。吉林将军的管辖范围，东到海，西至开原，南至朝鲜界，北邻蒙古，还包括黑龙江下游广大地区，以及库页岛和沿海其他岛屿。其职掌是：统率吉林地区满、蒙、汉驻防官兵14100名；统御柳条边门驻防官兵约50名；稽查卡伦，防止人们私入禁地；管理吉林地区驿站和汉族民户；统辖哲里木盟郭尔罗斯前旗军务；管理边疆赫哲、鄂伦春等少数民族；管理官庄和旗地；督辖为清宫廷采捕贡品而设置的打牲乌拉机构。

康熙二十二年（1683），清政府为抵抗沙俄入侵，决定设立黑龙江将军。将军驻地起初在瑷珲城，后来移到齐齐哈尔城。黑龙江将军的管辖范围，东、南到宁古塔界，西到外蒙古，北邻俄罗斯。其职掌是：统率黑龙江地区驻防官兵14700名；管理驿站和卡伦；巡查边境；管理哲里木盟三旗和索伦八旗；管理屯田。

二、崇实对奉天官制的改革

清朝在东北的三将军体制维系了二百多年。鸦片战争后，日俄等在东北争霸日甚，加上封禁政策的破产，大量汉民流入东北，管理松弛，吏治因循。到光绪年间，清朝统治者认识到必须改革东北的军政管理机构，才能有效维护对东北的统治。于是，在崇实署理盛京将军期间，开始对奉天官制进行改革。

崇实是满洲镶黄旗人，曾署理四川总督、成都将军等职，光绪元年（1875）二月署盛京将军。七月底，他提交《变通奉天吏治章程》，建议将军仿各省总督体制，统辖旗民文武，总理粮饷兵刑；府尹行巡抚事，管理旗民事务，和将军相承一气；裁撤奉天府治中，改为奉天巡驿道；各厅州县等缺，满汉兼用；旗界大小官员，不许干预地方公事。此奏十二月底获准。东北开始了由三将军体制向行省制的转变。

三、东三省的建立及意义

　　光绪二十九年十二月二十五日（1904 年 2 月 10 日），日俄战争在中国东北爆发。清政府为维护在东北的统治，开始比较详细地规划东北问题。光绪三十一年（1905）四月，赵尔巽任盛京将军，七月，他提出要变更东北军政管理机构。此后，清政府相继裁撤盛京五部、奉天府尹，相关事务由赵尔巽经理。日俄战争结束后，清政府加紧统一东北事权，先是设东三省学政（按：东北建省前，官方已称东北为东三省），后又设奉天府知府，管辖二州一厅六县，并谕示赵尔巽筹划奉天官制改革。光绪三十二年四月，赵尔巽提出改革奉天官制的具体办法：以盛京将军总理一切政务，设立公署，名盛京行部。附设综核处，内分十局，分理诸务。其中，内务局掌八旗丁籍及内务府事务，外务局掌对外交涉等事，吏治局掌官吏升迁考绩，督练局掌训练新军等事。此外，还有财政局、司法局、学务局、巡警局、农工局、商矿局等。局下分科，科下设一二三等执事官及司译、司医、司计官等。设行政大臣一员，参赞、副参赞、左右参议、左右副参议六员。赵尔巽改革奉天官制的方案送到清政府政务处讨论后，没有具体结果，此后，全国性的官制改革就开始了。光绪三十三年（1907）三月，赵尔巽转任四川总督。赵尔巽任盛京将军期间，在奉天进行的局部官制改革，是东北三将军体制向行省制迈出的新的一步。

　　光绪三十二年九月，因东三省"民物凋残，疮痍未复"，清政府派徐世昌等人前往查勘。次年春，徐世昌等返回京师，上《密陈考察东三省情形折》《密陈通筹东三省全局折》，主张破除旧制，实行改革，将东北改设行省，设总督一员，并委以全权。光绪三十三年三月，光绪帝谕示内阁："东三省吏治因循，民生困苦，亟应认真整顿，以除积弊而专责成。盛京将军著改为东三省总督，兼管三省将军事务，随时分驻三省行台，奉天、吉林、黑龙江各设巡抚一缺，以资治理。徐世昌著补授东三省总督兼管三省将军事务，并授为军机大臣。奉天巡抚著唐绍仪补授，朱家宝著署理吉林巡抚，段芝贵著赏给布政使衔，署理黑龙江巡抚。"（《光绪朝东华录》第五册，总页 5669—5670）上谕中还要求，各省就如何分设职司，该督抚妥议具奏。不久，因段芝贵被参，清政府收回成命，以程德全暂署黑龙江巡抚。

四月，徐世昌等上奏《东三省办事纲要》及《东三省职司官制章程》。内中规定：在奉天、吉林、黑龙江三省，每省各设行省公署，以总督为长官，巡抚为次官，均如各部堂官。在行省公署内分设二厅，一为承宣厅，一为谘议厅。承宣厅禀承督抚掌一切机要总汇考核用人各事，谘议厅掌议定法令章则各事。原有局署酌量归并，分设七司：交涉司，掌办理外交事务，设互市、界约、和合、庶务四科；旗务司，掌理旗署各事，设军衡、稽赋、仪制、营造、庶务五科；民政司，掌理民治、巡警、缉捕等事，设民治、疆理、营缮、户籍、庶务五科；提学司，掌理教育，设总务、普通、专门、实业、图书、会计六科；度支司，掌理财赋等事，设会计、粮租、俸饷、税务、庶务五科；劝业司，掌理邮电、航路、垦矿、农工商等事；蒙务司，掌理蒙古各部事务。此外，还规定设左右参赞各一员，分领承宣、谘议两厅事务。交涉等七司，各设司使一员，总办司事。承宣厅及司均设分科，每科设佥事及一二三等科员办事。谘议厅不设官缺，选派明达政治的议员、副议员、顾问员、额外议员充任。设督练处以扩军政，专设提法司以理刑法。徐世昌等上奏随即被清政府批准实行。

五月，清政府命各省将按察使改为提法使，分设审判厅，并增设巡警、劝业道。于是，东三省设立了提法司，下设总务、刑事、民事、典狱四科，处理刑法事务。把劝业司改为劝业道，增置巡警道，下设行政、司法、卫生三科。

八月，徐世昌巡视了吉林、黑龙江两省。十一月，黑龙江省改革官制，先设民政、提学、度支、提法四司。十二月，吉林省改革官制，设交涉、民政、提学、提法、度支等司及劝业道。

在改革行政官制和司法官制的同时，东三省的地方官制也发生了很大变化，主要是府、厅、州、县的建置大量增加。此外还在延吉设立了边务督办和帮办，在蒙古族居住地区设立了兵备盟长等。

东三省的建立，是崇实、赵尔巽、徐世昌等人在东北进行官制改革的结果。这一演变表明，随着东三省汉族人口的大量增加，清政府不得不废除将军体制，以行省制统治广大汉族人民。从清末官制改革，包括东北的官制改革总体上看，这是中国封建社会传统官制与西方资本主义国家近代官制合璧的产物，反映了资本主义政治体制对我国的影响。东三省的建立，适应了我国多民族统一国家的特殊国情，加强了对东北地区的管理，有利于东北地区近代政治、经济的发展。

作者简介

赵云田，1943 年生，北京人。中国社会科学院近代史研究所研究员。1993 年开始享受国务院颁发的政府特殊津贴。著有《清代蒙古政教制度》《中国边疆民族管理机构沿革史》等专著。

海权意识与晚清危局

何 瑜

自第一次鸦片战争起，古老的大清帝国开始面临千古未有的变局，资本主义列强纷至沓来，从陆地、海洋，四面八方入侵中国，中国面临着被瓜分豆剖的危局。而海权意识正是分析晚清危局的一个切入点。

翻开中国近代史，不难发现，列强对中国的入侵大部分来自海上。从印度和缅甸方面入侵的英国、从越南入侵的法国、从朝鲜半岛入侵的日本，也无一不是先海后陆；即使是清朝所面临最大陆路威胁的俄国，除了对西北和漠北的侵吞外，其对黑龙江流域及库页岛一带的觊觎、侵略，最大的动力也与海权意识有关：寻找太平洋出海口（黑龙江）、占领天然不冻良港（海参崴），以便于开展与日本等太平洋国家的贸易。

可以说，列强梯次来华，基于其近代海权意识的觉醒。在西方，随着资本主义萌芽的发展，新兴资产阶级开始向海外大肆掠夺和扩张。从 15 世纪末到 19 世纪初，西方殖民主义各国经历了两个半世纪的海上争霸战。其中，16 世纪 80 年代的西班牙海军，拥有军舰 134 艘，大炮 3000 门，自称为"无敌舰队"，系第一代海上霸主；17 世纪中期，荷兰庞大的商船队，共有船只 16000 艘，总吨位相当于英、法、葡、西四国之总和；而经过工业革命的英国，更把海军当做向外扩张的主要工具，到 19 世纪初，英国已拥有战列舰 240 艘，巡洋舰 317 艘，成为当时独一无二的海上霸主。西方殖民者在历经数百年不断的彼此厮杀和疯狂掠夺后，产生了两个明显的结果。一是西方的海权观念不断强化，即"谁控制了海洋，谁就能统治世界"。二是他们的战船和火炮技术不断改进，海上的军事实力日渐增强。如果说，在生产力尚不发达的中古时期，汪洋大海还是人类难以逾越的天然屏障，到了 16 世纪，东西海路大开之后，原来的海洋天堑就逐步变为入侵者的通道。进入 19 世纪，非洲、亚洲、美洲，越来越多的地方成了英国、法国、西班牙等国的殖民地，古老的中国成了列强觊觎的下一个目标。

　　反观中国，虽然有着漫长的海岸线，虽然四大发明中的指南针成就了世界的航海业、火药成就了枪炮等近代武器，虽然在明代就有郑和七下西洋的壮举，但中国却从不曾是海洋大国，直至明清时代，朝野上下的海权观念仍几近于零。与重商冒险的海洋民族不同，受相对封闭的自然地理环境的制约，中国在漫长的历史过程中逐步形成以土地为命脉的农本经济，以儒家为独尊的传统文化，以皇权为核心的集权体制，以宗族宗法为特色的基层社会。一句话，传统中国的特点是农业的、儒家的、专制的、宗法的、大一统的。在历朝统治者的眼中，大海从来都不意味着商机，而只是天堑。

　　正是由于缺乏海权意识，在 17 世纪中叶的明清之际，在历史本已进入世界性交往的时代，中国却始终以天朝大国自居，缺乏走出去的意识。朝廷推行的中外朝贡贸易，政治色彩远大于经济利益。郑和下西洋，其主要目的也是宣扬国威，以求得"德被四海""万方来朝"，所以郑和出使所携带的是大量的金银、钱币、瓷器、丝绸等礼品，沿途分送各国，换回的则是奇珍异宝、珍禽异兽及各种香料，以供皇室享用。同时，载回各国朝贡的使臣及其家属（多者几十、上百人），经年累月地在华享受免费待遇，致使远航和朝贡贸易的费用，开支巨大、劳民伤财，成为当时的一大"弊政"。与此形成鲜明对比的是，比郑和晚半个世纪的葡萄牙人达伽马远航东印度时，虽只有船只 4 艘，人员 184 人，但返航时所带回的货物总值，却是航行费用的 60 余倍。这种殖民经济和殖民掠夺的远洋航行，与厚往薄来的中外朝贡贸易相比，一个重在经济利益，一个突出政治影响。

明清统治者，始终没有意识到海洋所能带来的巨大机遇和利益。所以，面对马嘎尔尼、阿美士德使团的通商要求，清朝统治者无动于衷；在世界各国交往日益增多的背景下，明清统治者却采取了消极的闭关锁国政策。清初，先是为孤立和打击郑成功集团，顺治十二年（1655）厉行海禁，"不许片帆入海，违者立置重典"。顺治十八年（1661），又发布迁界令，凡沿海居民均内迁 30 里（海南岛沿海居民亦迁），"片板不许下水，粒货不许越疆"。康熙帝统一台湾后，虽然展界开海，允许沿海商民对外贸易，但海禁政策却日趋严厉，制定了"海洋出入之禁""货物出洋之禁""海船制造之禁"，以及限制与防范台湾的一系列治台政策。乾隆二十二年（1757）正月，将原来对外贸易的四口通商，变为只允许广州一口对欧美各国贸易。嘉庆道光以后，清廷愈加强化对外商的管理，不断制定各种防范"夷人"的章程。这种愈演愈烈的闭关自守政策，虽然在一定时期、一定程度上遏止了资本主义的侵略，却进一步阻断了中西文化的交往，错过了向西方学习先进的科学文化的历史机遇，拉大了中国与西方资本主义国家的距离，造成了近代中国落后挨打的悲惨局面。

同样，正是因为海权观的缺失，清政府缺乏适当、有效的海防措施。在近代以前，中国的海防安全一直没有遭遇过严重的危机。明代的倭寇，侵扰东南沿海的荷兰、葡萄牙，都没能给中国带来实质性的威胁。明清之际，在统治者的眼中，大海依然是天然屏障。于是我们看到，清代不设远洋海军，只有近海和长江水师，其主要任务是巡防江河、海口和缉捕海盗，兵制等同于内地的陆军。到鸦片战争前，清军水师中最大的战船是广东米艇，船长 104 英尺，载重量约 150 吨，配兵 60 名，装铁炮 10 余门，此外还有火罐、藤牌、鸟枪等军器，全都摆在甲板上，没有任何掩护。清军的岸防火炮，大者上万斤，小者百十斤，有效射程不过几十丈，以火绳点火，射速慢而距离近，尚停留在欧洲 17 世纪加农炮的水平。而 19 世纪初的英国的皇家海军，早已在船舵、船帆、火炮及造船工艺方面做了全面的改进，其一级战列舰长 200 余英尺，定员 820 余人，载炮 120 门，其炮全部分列于甲板之下，而且燧发点火，射程远、威力大，整个战舰如同一个移动的大型堡垒。

中国在西方眼中曾经是个神秘、强大的国度，但真正接触之后，西方人的观念在逐渐发生变化。16 世纪初叶，早期来华的葡萄牙特使即扬言："只要从马六甲派出 10 艘船，便足以轻易地控制整个中国沿海。"乾隆五十八年（1793），来华访问的英国马嘎尔尼使团，看到中国的帆船和兵器，与 200 年前没有什么变化，亦狂妄地扬言："只需几艘三桅战舰，就能摧毁大清帝国的海岸舰队，并断绝中国从海南岛到北直隶湾的航运。"面对强大殖民者的贪欲，落后的中国遭受侵略已不可避免。

一部中国近代史，既是中华民族的苦难史，也是一部抗争史。面对列强的侵略，面对民族的危局，中国的各个阶层都曾以自己的方式进行抗争，晚清的统治者亦然，建设近代海军正是其中一项重要的因应举措。第二次鸦片战争后，尤其是同治十三年（1874）日本侵台之后，清廷逐步开始加强海防，福州船政局、北洋水师、福建水师等次第建立。恩格斯曾说，现代的军舰不仅是大工业的产物，也是现代大工业的缩影，是一个浮在水上的工厂，一个大量浪费金钱的工厂。作为封建的传统农业大国，中国既不具备发展近代海防的物质基础，也没有资本主义国家的经济实力，来长期供养一支近代化的海防和海军部队。光绪十四年（1888）建成的北洋海军，其装备几乎全部由海外购置的战舰组成，并配备了外国的顾问，表面上已经很近代化，但其内里却充满了封建的陈规陋习，因为它根本就不是中国经济和文化发展的产物。加之清廷软弱腐败，战略战术、军制军纪和后勤保障弊端百出，这一切决定了北洋海军的全军覆没和中日甲午战争的失败，决定了中国近代海疆史上上演的一幕幕悲剧成为历史的必然。

作者简介

何瑜，中国人民大学人文学院清史研究所教授、博士生导师，国家清史编纂委员会史表组专家。主要研究方向：清代与中国近现代政治史、中国海疆史、清代边疆民族史。

清末农工商部的设立和农业改良

郑起东

《辛丑条约》签订后，中国沦为半殖民地，外国商品以前所未有之势源源流入中国，外商纷纷在中国设厂。清政府在不平等条约的束缚下，已无力阻遏外来侵略，沉重的战争赔款，也使清政府的财政发生严重危机。为此，清廷屡次发布上谕，通饬京内外各大臣就变通政治各抒所见。在此期间，两江总督刘坤一、湖广总督张之洞于1901年7月会奏建议："赔款极巨，筹措艰难"，应"修农政"，"劝工艺"，"讲求农工商"。次年1月，山西巡抚岑春煊奏请"振兴农工商业以保利权"。清廷依据这些建议，在1902年2月谕令"特派大臣，专办商务"，并责成各省督抚认真兴办农工要务，初步确定"振兴实业"大计。

鉴于设立商务大臣、成立路矿总局以来，"一无成效"，而商务、路务、矿务的实权又大都落在地方督抚手中，清廷准备通过设立商部以加强控制，并实施对"振兴实业"的领导。于是，内定庆亲王长子、贝子振国将军载振为该部负责人选，特派其前往欧美、日本考察商务。1902年10月，载振回国，提出设立商部。1903年4月，清廷命载振等制订商律。1903年9月7日，清廷降谕设立商部，任命载振为尚书，其地位仅次于外务部而列于其他各部之前。26日裁撤路矿总局，将所有路矿事务划归商部办理。

　　商部分设四司：保惠司、平均司、通艺司和会计司。另设律学、商报两馆。前者翻译外洋商律各书兼及路矿律、招工律、保险律、报律并各国条约，"参与中国律例"，后者随时报道"招商事宜、集股数目以及各埠土产赢绌、物价贵贱、工艺良楛（kǔ，粗劣）"，发交各省并中外各埠推销，"藉以鼓舞商情"。

　　1906 年 9 月 1 日，清廷正式宣布"预备立宪"，并于同年 11 月进行官制改革，把路务划分出来，归新设立的邮传部掌管，工部并入商部，改称农工商部。

　　农工商部与商部在官制上是一脉相承的。其尚书、侍郎、左右丞、参议的设置以及商部所奏设的部顾问官、议员和地方的商务议员、矿务议员均依旧制。除了保留商部原设的附属机构外，还增设了京师实业学堂、京师艺徒学堂权衡度量局等，较之商部时期，体系更加完备。

　　设立劝业道是农工商部振兴各省实业的重大举措。1907 年，各直省设立劝业道。据统计，到 1908 年年底，已设置任命了 9 名劝业道。1910 年，农工商部奏称："计已设立劝业道者直隶十八省，其未设之山西等五省亦催令赶行筹设。"劝业道制度取得了较好的效果，如江西劝业道傅春官，"劝业一事，夙具热心，不辞苦心，殊堪嘉尚"。贵州劝业道王玉麟，"受事以来，感激奋发，于一切要政，悉心擘画，锐意经营"，"各属视省会为趋向，自经该署道倡导推广，风气为之一变"。

　　农工商部时期最大的成绩在于对农业改良的倡导和推动。1907 年，农工商部在各省设立劝业道后，于其下公所分设六科。自此，拉开了近代中国农业改良的序幕。

　　一、推动农学教育。在农工商部的推动下，农学教育形势高涨。据统计，至 1909 年，全国共计有农业学堂 111 所，其中高等 5 所，中等 31 所，初等 75 所，在校学生人数为 6028 人。至 1912

年，全国共有各类农业学堂 263 所，在校学生人数达 15379 人。农业教育的兴起和培养农业人才的专门化，为中国新式农业的发展储备了人才。

二、大力鼓励垦荒。为充分利用荒废土地，1909 年，农工商部奏定《推广农林简明章程》，对"公正殷实绅商召集股款、设立公司、筹办农林进行奖励"。并要求地方官"每年将所管辖境内荒地总数暨筹办开垦事件、商民林垦事件、规模如何、成绩如何"，年终列表汇报该管上司咨部。

由于农工商部的大力督促和奖励，全国许多省份制定了放垦章程，鼓励垦荒，这些优惠政策及章程的实施，使垦荒取得了明显的成效。如黑龙江省，从 1860 年至 1906 年的几十年中，放垦面积仅为 1248742 垧，而从 1904 年至 1910 年的短短几年中，放垦面积就达 6975696 垧，增加了四倍半，极大地改善了全国的大豆和粮食供应。

三、成立农事试验场。1903 年，商部通饬各省振兴农务，要求各地"兴试验场"，"凡土质之划分、种子之剖验、肥料之制造、气候之占测，皆立试验场，逐一讲求，纵人观览，务使乡民心领其意，咸知旧法不如新法，乐于变更"。此后，农事试验场迅速在武昌、济南、福州、沈阳等地相继开办。至 1911 年，全国规模较大的农事试验所已有 20 余处，而小规模的实验机构，更是不胜枚举。

农事试验场成为推广农业新品种、传播农业新技术的重要基地。如奉天农业试验场，仅 1907—1908 年，就试种外国玉蜀黍类 14 种、麦类 9 种，该试验场"招集近郊农民广购各色籽种，按土之宜试以栽种，复就场附设学堂一所，专养成务农人才，毕业后派赴各处设立分场"。

四、推广经济作物。1906 年 3 月，商部通咨各省调查全国棉产种类暨岁收总额，发现各地"于种棉之法，大都因仍旧习，未能力求精进"，于是，迅速通饬各地种植种类精良、茎叶高大、花实肥硕的美棉，并续行遴派农科专门人员分往各省，传授泰西农学家选子、交种、培肥料、去害虫诸法。

在农工商部的大力提倡下，山东、河南、直隶、山西、广西、广东各省纷纷改种美棉，如山东省商务局将在美国圣·路易斯博览会上采购的棉种发交东昌府产棉各地试种，"以今年（1906）收成计之，本地棉约收七八十斤，美国棉可收百余斤至二百斤不等，且丝长光细，利于纺织"。"东属堂、清、馆、冠、高、恩六属，已种棉之地，约计万顷有余"。直隶农务总局试验场，"曾于1896年试种美国棉花，绒絮颇长"。至1909年，山东省西北、直隶省南各州县"从前所种土产，现已悉改美种，收成有十倍之望"。

农工商部的设置，是清末中国社会由传统向近代转型时期国家机构随之调整的产物，它标志着政府职能的重大转变，对于中国社会经济产生了不可忽视的影响。时人评论说："商业之有政策，从设立商部始。"

农工商部的设置填补了清代中央农工商行政管理机构的缺失，具有专门化、权威性的管理实业的行政机构跻身政坛，保障了国家发展实业政令的有效畅通。

但是，囿于清政府的封建社会性质，农工商部本身亦存在先天的弱点。其决策力、组织力、执行力都严重不足。再加上各省督抚的抵制，更使其作用大打折扣。同时，社会的半殖民地化，也处处制约着农工商部的举措，表现为经济自由同专制政治的冲突，导致商部制定的政策、法规在实际运作中，有的形同具文，有的被任意践踏，有的则朝令夕改。如保商、招商是商部专责，而减税、免税是保商、招商良法。然而，清末苛捐杂税层出不穷，横征暴敛视为常态。当时商民即有感言："尤可怪者，则自商部设立，而当事诸公纷纷聚议，不曰开统捐，即曰加关税，不曰劝募绅富慨助巨金，即曰招徕南洋富商责令报效。……自有商部，而召商人乃转增无数剥肤吸髓之痛。天下名实不相副之事，乃至如此。"

再如，商部制定的各类保商、招商的经济政策，并无配套的法令、法规保障其贯彻实施。遇到其他部门的干预和地方势力的抵制，农工商部往往束手无策。对此，上海总商会曾慨叹："政府一定公司律，再定破产律，虽奉文施行，而皆未有效力，卒之信用不立，道德有时而穷。规则荡然，事业何由而盛？长此颓废，吾商业其终不竟乎。"

农工商部的命运充分证明：在封建政权下，资本主义的发展始终处于被束缚的状态，而农工商部由于存在无法克服的制度弊端，难以担负振弱起衰的重任。在辛亥革命的狂风巨浪中，作为清末新设的带有近代色彩的国家经济管理机构，农工商部也随着末代王朝的覆亡而解体。

作者简介

郑起东，1947 年生，湖北秭归人。中国社会科学院近代史研究所研究员。专著有《转型期的华北农村社会》等，论文有《清末"振兴工商"研究》《清政府镇压太平天国后的让步政策》《农民负担与近代国家财政体制》等。

清末"振兴工商"及其启示

郑起东

20 世纪初，处于风雨飘摇中的清政府决定推行"新政"。从 1903 年 4 月起，清政府以新设商部为契机，参考国内外发展工商业的经验并采纳朝野有关建议，制定一系列旨在"振兴工商"的政策和措施，成为当时"新政"的重要组成部分。这些举措主要表现在以下三个方面：

一、制定律法，倡设商会

围绕这一时期的工商政策，商部制定了《商人通例》《公司律》《公司注册试办章程》《商标注册暂拟章程》及《破产律》等法律。其中，1904 年初颁布施行的《公司律》，是清末商律最重要的组成部分。它以英国的公司法和日本的商法为蓝本，在国内实属首创。《公司律》详细规定了公司创办的组织形式、呈报注册方法、经营管理方式、股东权利义务以及违章处罚条例等，在保护商人即民族资产阶级的合法权益上起到一定作用。

铁路方面的法规主要是商部于 1903 年 12 月奏准颁行的《重订铁路简明章程》。清政府通过该章程向民间开放了铁路修筑权，鼓励商办铁路，并给予一定奖励。关于矿冶类的法规，1904 年 3

月，商部在变革以往矿务章程的基础上，奏准颁行《矿务暂行章程》。1907 年 3 月，外务部和农工商部（商部于 1906 年改组为农工商部）审议通过并颁行更为详细的《大清矿务章程》。该章程对外商开采作了新规定，给予更多限制，维护了华商权益，有利于收回利权。

商部认为，东西诸国"以商战角胜"，"实皆得力于商会"，于是不仅颁布了《商会简明章程》，还在京师首倡设立商会。全国的商会按层次分为商务总会、商务分会和商务公所三级。总会设在省会或商业繁华地区；分会设在中小城市；公所设在村镇。由于设立商会符合商民意愿，各贸易繁盛之地纷纷请设，甚至海外华侨聚居的新加坡、旧金山等地也设立了商务总会。到 1908 年，全国已设立商务总会 44 处，分会 135 处。

二、爵赏投资，官款扶持

商部成立后不久，于 1903 年底，颁布《奖励华商公司章程》，以爵赏激励投资，表明朝廷对振兴实业的重视。1907 年 8 月，农工商部又颁行《华商办理实业爵赏章程》，规定凡集资创办农工商业公司的华商，根据资本额多寡，可获得不同爵赏：凡华商投资 2000 万元、1800 万元、1600 万元以上者，分别特赏一、二、三等子爵；投资 1400 万元、1200 万元、1000 万元以上者，分别特赏一、二、三等男爵；投资 700 万元以上者，奖给五品衔等等。同年，又修订了《奖励华商公司章程》，大大降低了授奖条件。这种以爵赏奖励投资的方式，对于扭转"贱商"的社会旧俗、鼓励商人投资近代工业确实发挥了重要作用。

当时，资金不足是近代中国工商业发展的一大障碍。很多企业被迫举借洋债，甚至开彩票维持生存，倒闭歇业以致被洋商拍卖的情形，时有所闻。对此，清政府以较低的利息借贷官款，并实施参与公股等商办公助措施。

息借官款的使用重点主要有两项。首先是支持企业引进技术，改良工艺。如 1910 年，为支持湖南华昌炼矿公司引进技术，采用新工艺试炼纯锑，农工商部奏准从直隶、江苏、山东、湖南、湖北五省拨给官款银 16 万两作为补助。其次是扶助资金困难的企业。如 1909 年，上海内地自来水公司积亏甚巨，面临被洋商兼并的危险，也由农工商部批准，借予库银 20 万两以助其周转。

公股的参与对象则主要是新创办的企业，如京师丹凤火柴公司、山东中兴煤矿、龙章机器造纸有限公司等都有商部的公股。各省在所倡办的某些企业中也参有公股。如 1904 年，山东巡抚拨给山东博山玻璃公司官款库足银 5 万两，作为公股。

借贷官款和参与公股的目的都是扶植华商企业，公司一切事宜，都按照商律办理，公家不加干预。而且在企业资金困难时，息借官款可以延期偿还，公股可以暂不支息，这些措施受到了民间企业的欢迎。

三、开拓视野，推广技艺

为学习国外先进经验，商部还对商人参加国际博览会采取鼓励办法。如 1903 年，奏准拨银 75 万两资助华商参加美国圣路易斯博览会，并派贝子溥伦担任中国赛会正监督。1906 年，颁布《出洋赛会章程》，规定对参加博览会的货物一律免税，并要求参会商人取长补短，改良革新。在此推动下，中国工商业者积极参加了多次国际赛会。同年 12 月，农工商部还创设了京师劝工陈列所，展出各省工艺局生产的产品。

　　商部认为，正在起步阶段的中国工业，只有创办"模型"加以示范，才能达到较好的振兴效果。1906年，京师首善工艺局作为"模型"创立。工艺局设9个厂和织、染、木、皮、藤、料、画漆、图画、绣、银器、扎花、铁等各工种。为提倡女子工艺，1909年商部还筹办了京师首善第一女工厂，招收女工200多名。与此同时，商部督促各省"精益求精，力求进步"。到1911年，各省已设立工艺局厂389处、工业学堂29处、艺徒学堂82处，劝工陈列所和商品陈列所共13处。就连边远省份如云南、新疆也设立了工艺局厂和工业、艺徒学堂多处。

　　工艺局厂作为官办的模范工厂，资本较雄厚，设备较先进，有利于引进先进技术，为民间企业培养了大量技术人才，促进了工业技术的传播和各地工业的发展。如直隶实习工厂招募中外各门技匠，招收官费和自费的工徒，每一种艺徒学成之后，即动员绅商设立公司，成为各公司重要的"取材之地"。

　　作为清末新政的一个重要组成部分，"振兴工商"顺应时代潮流，在一定时期内、一定程度上，取得了一些成效。首先，促进民族资本主义经济的初步发展。从1903年到1908年的五年间，注册的公司有265家，资本总额为13834万元，其中有7家拥资100万以上（茶圃：《中国最近五年实业调查记》）。这是继19世纪末出现的中国资本主义发展的第二次高潮，奠定了民国初年民族资本主义发展"黄金时代"的基础。其次，促进工商业者社会地位的提高，培育了社会兴商氛围。清政府对工商业的作用与商人地位的认识发生了显著变化。商人投资兴办的新式企业，受到法律的承认与保护，取得了与原本享有特权的官办企业、官督商办企业同等的某些权利。清政府一系列振兴实业、奖商恤商的政策，更促进了重商思潮的兴起，有些人甚至将振兴工商视为救亡图存的一项重要手段。

清末"振兴工商"的政策和措施也存在不少缺陷。一是商部尚未具备正确制定各项经济政策的必备条件。由于时间短促、经费匮乏等原因,清政府颁布的经济法规种类不够全面,内容不够详尽,存在不科学之处。二是商办与官办的矛盾在"振兴工商"的过程中始终存在。那些"可兴大利"的企业,清政府往往定为官办,不许商办;甚至已经商办的企业,也往往被清政府以妨碍"公家之利"为由而夺走。这些与民争利的做法,显然与"振兴工商"的原意相去甚远。三是清政府在奖励实业的同时,还以各种名目增加苛捐杂税,使工商业者负担加重。四是封建专制统治排斥民众参与政治,工商业者无法参与经济政策的制定过程,有些益于工商业发展的政策法规在封建官僚体制下徒成具文,这些问题都影响到了"振兴工商"的效果。

同时,1900年的《辛丑条约》签订后,帝国主义侵略势力对中国的渗透越来越深,特别是清政府的矿务政策,更是受到帝国主义侵略势力的粗暴干涉,以抑制中国民族工商业的发展,维护其在华的既得利益。如,帝国主义列强认为《大清矿务章程》限制洋商过严,迫使清政府于1910年加以修改,取消了不许列强领事及公使干预矿务的规定,使该《章程》实际上完全失去了限制外资的意义。

明清皇宫的"金砖"

李国荣

　　本文所介绍的金砖，是指明清两朝皇家建筑中使用的一种高规格的铺地材料，是皇家建筑群中必不可少的贵重物件。它并不是以黄金制作的砖块，其实也是用泥土烧制的，之所以称为金砖，是因它为皇家专用而且十分贵重的缘故。

　　金砖是什么样子？从档案文献记载和现存实物来看，金砖通常为黑灰色，都是正方形，边长规格有所不同，但都在二尺左右，厚度为三寸左右。据明朝万历年间的《大明会典》记载，凡遇营建宫殿需用金砖，由大内太监开报数目，工部奏请皇帝批准。明朝时烧造的金砖有一尺七寸、二尺两种。清朝的金砖规格共有三种，分别是一尺七寸、二尺和二尺二寸。清代从顺治朝到雍正年间，所造金砖还是沿袭明朝旧制，只有一尺七寸和二尺两种。二尺二寸的金砖，据现存署有款识的金砖实物，最早为乾隆二年（1737）烧造。

　　烧造一块金砖要花费多少银子？砖身愈大，烧造愈难。《钦定大清会典事例》载，乾隆三年（1738）内务府议定，烧造二尺二寸金砖，每块银价九钱一分。也就是说，烧造一块金砖要用近一两银子，花费的确不菲。

　　关于金砖的烧造之地，根据《大明会典》和《大清会典》

记载，在明朝和清朝初年，江苏的苏州、江宁、太仓、松江、常州、镇江以及安徽的池州这七府都有烧造金砖的职责。但是，人们一直认为金砖产自苏州，而很少提到其他六府。这是因为苏州的土质颗粒细、杂质少、黏性强、可塑性好，所以其余六府虽然也分担金砖烧制任务，但窑场却设在苏州府的地盘上。据清宫档案记载，雍正、乾隆之后，江宁等六府不再担负金砖的烧造，苏州不仅继续负责生产金砖，而且成为金砖的唯一产地，并一直持续到清末。

苏州金砖的窑场，一般设在陆墓、徐庄一带。苏州《吴县志》载："陆墓窑户如鳞，凿土烧砖，终岁不绝。"

从现存的实物看，金砖上大多刻有款识。每块金砖的侧面，自上而下，通常刻有三种款识，即：含有年号、尺寸、名称的年款；含有督造官员的官职、姓名的官款；含有窑户里甲、姓名的窑款。如："永乐十二年分成造细料二尺见方金砖/江南苏州府知府李铭皖督造/署苏州府知事朱銮监造/大六甲金凤山渭州造/凤记"；"乾隆十四年成造细料二尺金砖/江南苏州府知府邵大业知事丁士英管造/大窑六甲张葛朋"等等。金砖之上勒刻官员和窑户的姓名，是以备追究责任，说明金砖烧造是非常严肃的事。

明清朝廷对于金砖的质量有十分严格的要求。乾隆三年（1738）江苏巡抚萨载的奏折称，"宫殿工程需用金砖，理宜敬谨烧造，不容稍有草率"，"务须坚实细致"。乾隆四年（1739），江苏巡抚张渠也上奏说："金砖关系钦工物料，必须颜色纯青，声音响亮，端正完全，毫无斑驳者方可起解。"

金砖的烧造，并没有每年烧造数量的固定指标，也没有采办之说，而是朝廷"用则征解"。每次奉旨造砖，承办官员拣选精美堪用者运送京师，交货不得延误，否则予以处罚。苏州金砖均是运到北京的通州砖场，由工部委派专门官员验收。在通州砖场，金砖入棚存贮，而且不能堆放，"只可逐块单立排放"，以确保不被损坏。

金砖是明清皇家专用的"钦工物料"，早在明朝嘉靖年间，工部就曾严查窑户家中是否藏有金砖。在清朝，斑驳破损的金砖，要集中销毁，严禁流入民间。关于金砖的使用场所，从档案文献记载和实际情况来看，主要用于皇家建筑中的三种场地，即宫殿、庙坛和陵寝。

金砖使用最多的地方是皇家宫殿的地面铺墁（màn，用砖石等铺地面）。据档案记载，苏州窑场为紫禁城皇宫的修缮工程，提供了一批又一批数量庞大的金砖。明代乾清宫、坤宁宫均曾使用金砖；清顺治十三年（1656）乾清宫，乾隆二十九年（1764）敬胜斋、敬宜轩，光绪二十八年（1902）仪鸾殿、福昌殿，宣统二年（1910）太极殿、体元殿、长春宫等，也都曾使用金砖。

关于皇宫使用金砖的数量，顺治十三年乾清宫等一批宫殿重修，工部主持烧造金砖一次就达 40315 块。康熙十八年（1679）烧造金砖 10054 块，康熙二十九年（1690）烧造金砖 2649 块。雍正三年（1725）烧造金砖 1 万块。乾隆五十三年（1788），紫禁城的景运门、隆宗门地面，撤掉以往用的沙砖，改用金砖，用金砖 2379 块。可见皇宫金砖使用频繁、数量巨大。

皇家坛庙，是祭祀天地日月、祖先及众神的重要场所，最早是使用琉璃砖墁地。乾隆十六年（1751），天坛的祈谷坛，"大享殿外三层坛面，从前屡经修补，砖色不一，请改用金砖墁砌"。祈谷坛大享殿这次使用金砖 20603 块。此后，乾隆十九年（1754），先农坛的观耕台改用金砖。在乾隆二十年（1755）前后，供奉皇家先祖的太庙奉先殿，多次取用金砖，而且分别使用了一尺七寸、二尺及二尺二寸 3 种不同规格的金砖。乾隆二十三年（1758），月坛一次就用一尺七寸的金砖 2000 块。可见，京师坛庙在乾隆时期便陆续改用金砖墁地了。

陵寝作为皇家万年吉地，也是金砖使用较多的地方。陵寝使用金砖之处，包括皇陵的隆恩殿、配殿、月牙城甬路、明楼方城及月台等地。光绪二十八年（1902），康熙皇帝景陵的隆恩殿等处修缮工程，需用二尺二寸金砖1012块，但此事按规定上报后，却拖了两年都未能解决。原来这段时间，朝廷上下正在为大权在握的慈禧太后修建菩陀峪万年吉地，苏州御用窑场正全力为其赶制超出以往规制的二尺四寸金砖。为了优先保障慈禧太后陵寝工程的需要，康熙陵寝最终仅运来一批二尺金砖才勉强完工。

除宫殿、庙坛和陵寝之外，乾隆帝还为他的国子监讲台铺了金砖。国子监是元、明、清三代在京师设立的最高学府，辟雍殿则是国子监的中心建筑，是皇帝"临雍讲学"的重要场所。乾隆四十八年（1783）开始大修辟雍殿，当时责令江苏巡抚衙门烧造二尺专项金砖1300块。乾隆五十年（1785）春天，乾隆皇帝为庆贺登基50年，在金砖铺墁的辟雍殿举行了盛大的"临雍讲学"活动，发表御论二篇，并颁发给在京各衙门官学及各省儒学研读。

按清朝定制，王府是不能使用金砖的。可是，晚清的摄政王载沣，不仅使用了金砖，而且数量还很大。这自然是由于载沣作为宣统皇帝父亲和摄政王的特殊身份而破例的。载沣动用的金砖，全部用于墁铺中海西岸新造的摄政王府。这座府邸于宣统元年（1909）正月动工，总计有殿宇房屋约300座1500多间，整个工程耗银187万两，其中使用二尺二寸金砖3462块。王府使用金砖，而且数量如此巨大，这实在是空前绝后的。

除了以上所述，还有一些特殊场所也曾使用金砖。譬如，明清两朝的皇家档案库——皇史宬（chéng），就曾用金砖铺地；清中央政府的铸币机构——户部的宝泉局和工部的宝源局，也一直把金砖作为翻砂托模之用。

　　苏州的最后一任知府何刚德写有这样一首诗："金砖备贡库储颁，宫庙需材岂等闲。匠作初成惊国变，可堪流落到人间。"随着大清王朝的终结，金砖也摘下了"钦工物料"的金字招牌。到了晚清，随着中央集权政治的松弛，不时发生金砖散失的情况。民间有人用金砖铺成桌面练习书法，有人将其架作方几来饮茶。近年，在苏州民居中陆续搜集到的金砖就有600余块。

清政府治理新疆前期的行政管理体制
——军府制度

马大正

一、军府制度的建立

为维护国家的安定统一，清政府从康熙中叶开始大力经营西北。康熙二十九年（1690），拉开了对准噶尔部统一战争的序幕，历经三朝，费时六十余载，终于在乾隆二十三年（1758）取得了决定性胜利。次年，清军乘胜进军南疆，平定了大小和卓之乱。至此，清政府重新统一新疆、安定西陲的大业宣告完成。

清政府完成对新疆的重新统一，对清代西北边疆乃至中国疆域的历史进程产生了深远影响，这是清代统一多民族国家发展史上最重大的成就之一，不但最终结束了新疆地区自元末以来绵延数百年的割据状态，也使得清中央政府对这一广袤地区实行全面直接管辖成为可能。

清政府最高决策层对统一后新疆的善后经营表现出极大的关注。乾隆帝一再要求有关官员要站在"西北塞防乃国家根本"的高度，立足久远，妥善筹划，即所谓"伊犁既归版章，久安善后之图要焉，已定者讵（jù，岂）宜复失"！经过君臣反复商讨，确定治理新疆的大政方针是：政治上设官分职；军事上驻扎大军；经济上屯垦开发，以边养边。而上述方针在政治上、军事上的具体实施，就是建立军府制度。

乾隆二十七年（1762）十月，清廷正式宣布在新疆设立总统伊犁等处将军（简称伊犁将军），为清政府在新疆的最高军事、行政长官，驻节伊犁惠远城，代表中央总揽南北疆各项军政事务。

作为军政合一的全疆行政管理体制，军府制度的职能包括军务与民政两大部分。从施政内容看，涉及政治、军事、经济、财政、人事、司法、外交各个方面；从施政方式看，军事事务多由各级军政大臣直接掌管，民政事务则在军政大臣主持或监督下，交各地民政官员具体办理。其主要职能大体可分七大方面：1.统率驻军、保持武备；2.考察官吏，定其升迁；3.屯田置牧、组织生产；4.核征赋税、奏调经费；5.管理台卡、巡边守土；6.办理王公入觐事务及藩属事务；7.处理对外事务。

二、军府制度的组织管理系统

乾隆二十七年十月，明瑞被授为首任伊犁将军。伊犁将军之下，设参赞大臣、领队大臣、都统等职，分驻天山南北各地，管理本地军政事务。根据形势和治理需要，各级军政长官的分设在不同时期有所变化，到乾隆末年，新疆军政大臣建置基本定型，其结构层次如下表所示。

```
                           ┌参赞大臣一
                    ┌伊犁 ┤
            ┌北路 ┤      └领队大臣一
            │     │      ┌参赞大臣一
            │     └塔城 ┤
            │            └办事兼领队大臣一
            │     ┌参赞大臣一
            │     │              ┌英吉沙—领队大臣一
            │     │              │叶尔羌—办事大臣一，协办大臣一
    伊       │     │              │和阗—办事大臣一，领队大臣一
    犁   ┤南路—喀什噶尔┤协办大臣一┤乌什—办事大臣一
    将       │     │              │阿克苏—办事大臣一
    军       │     │              │库车—办事大臣一
            │     │              └喀喇沙尔—办事大臣一
            │                    ┌吐鲁番—领队大臣一
            │                    │哈密—办事大臣一
            └东路—乌鲁木齐—都统 ┤镇西—领队大臣一
                                 │古城—领队大臣一
                                 └库尔喀喇乌苏—领队大臣一
```

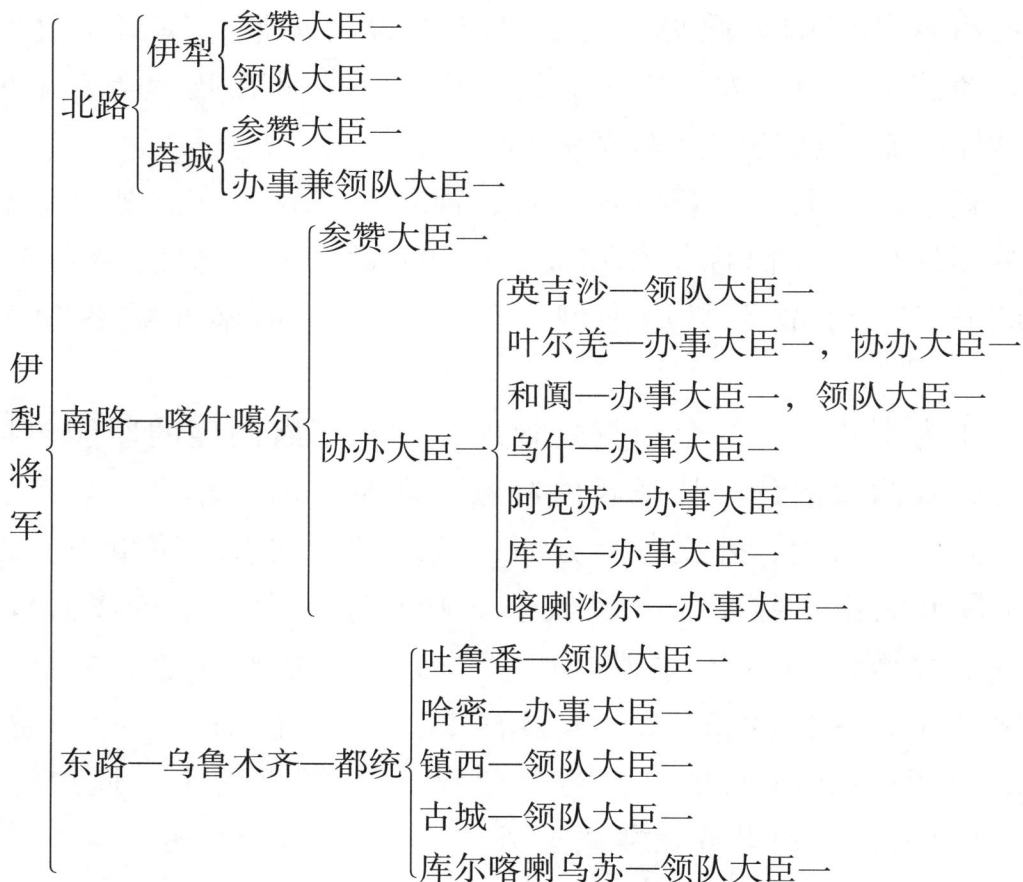

　　新疆各级军政大臣的建置大体上遵循以下原则：一是官员配置北重南轻，军政重心在北疆；二是将全疆划分为三大地理单元，北路伊塔地区归伊犁将军直辖，南路八城和东路乌鲁木齐地区（北疆库尔喀喇乌苏以东，南疆吐鲁番、哈密以北）分别由喀什噶尔参赞大臣和乌鲁木齐都统分别综理，听伊犁将军节制；三是视地方之冲要繁难程度，分别派驻不同级别的军政官员，战略要区委以都统、参赞大臣，其余各城，大者派驻办事大臣，以协办大臣辅佐，小者派驻领队大臣。

　　军政长官辖下的民政系统和军事驻防系统如次：

　　民政管理系统。清政府对新疆的地方、民族特点，因俗施治，因地制宜，分别建立起三种不同的民政管理系统。1. 州县

制度。主要施行于北疆各地及东疆内地移居人口较多地区。2. 伯克制度。"伯克"本意为首领。伯克制为新疆维吾尔社会固有的政治制度。清朝统一天山南北后，对南疆各城和北疆伊犁维吾尔聚居区因俗而治，在沿用其制的同时加以改造，使伯克制度成为清政府在当地的一种地方官制。3. 札萨克制。施行于新疆的卫拉特蒙古诸部落，是清政府在漠南、漠北蒙古各部广泛实行的一种行政管理体制。蒙古部众编旗设佐，每旗设札萨克一人总管亦即旗长，一旗或数旗合为一盟，设立盟长。札萨克可以世袭，对所辖本部事务有充分的自主权，但必须经清廷任命，并服从理藩院的各项政令。

在军事驻防方面，清政府从镇边守土目的出发，从全国各地抽调满洲、蒙古八旗及绿营进疆驻守。驻军配置于天山南北，由各处军政大臣统率而总辖于伊犁将军，形成广大有序的全疆军事驻防系统。

三、军府制度的历史功绩与局限

采用军府制管理新疆，历史上不乏先例。汉代的西域都护府，唐代的安西、北庭都护府都属于这一类。清朝在新疆建立军府制度，结合当时实际条件，吸取并发展前代的有效经验，取得了很大成功。

首先，清代新疆军府制度在组织结构上以伊犁将军和各级军政大臣直接统辖全疆民政、军事管理系统，一改以往地方行政建置中的羁縻色彩，在更高程度上达到政令的统一，有利于中央政府对这一地区的统筹治理。

其次，在管理职能上，军府制度比前代都护府承担了更为广泛全面的行政职责，大大提高了地方民政事务在职能中所占的比重，将经营治理的注意力从军事方面更多地转向政治治理和经济开发。

再次，设置大员与派驻大军相结合，提高了地方捍卫国家领土、防范外敌侵扰、稳定巩固统一局面的能力。这对于地处边徼（jiào，边塞）、多民族聚居又值统一之初、百废待举的新疆，是至关重要的。

但是，这种军政合一的管理方式毕竟不是完全意义上的地方行政管理制度，与行省州县体制相比，尚处在较低的建置层次，其历史局限性主要表现如下：

首先，管理体制层次重叠和事权多元化。清政府一方面规定，伊犁将军为全疆最高军事行政长官，总揽各项事务，同时又命陕甘总督节制乌鲁木齐以东地区，分其权责，相互牵制。军府体制内部隶属关系也十分复杂，喀什噶尔参赞大臣与乌鲁木齐都统受伊犁将军节制，分理南路、东路，主政行事有很大独立性；各城大臣统理地方而不直接理民，民政事务交州县、伯克、札萨克三种民政系统分别办理，但奏请上报之权仍握于大臣之手；将军、都统与参赞大臣、办事大臣品秩不相上下。凡此种种，造成管理上头绪纷繁，职权分工不清，遇事推诿，彼此掣肘。

其次，官员结构偏重武职，职掌重心偏在军事，治兵之官多，治民之官少。将军、都统、参赞大臣、办事大臣等重要官吏都是以武职管辖地方、过问民事。这些大员或出身禁闼（tà，禁闼指宫廷、朝廷），或来自军旅，很难适应地方施政和开发建设的需要。嘉道以后，承平既久，选官多用宗室、侍卫及左迁满员，素质日趋低下，地方政事益形弛坏。

第三，地方民政因俗施治，导致各地治理程度参差不齐。南疆各地沿用的伯克制度，虽然废除了世袭规定，但因驻扎大臣不直接理民，王公伯克实际上仍拥有极大的统治权力，他们借官府之势，巧取豪夺，破坏了南疆的社会生产力，激化了清政府与维吾尔人之间的矛盾，加剧了社会动荡。道咸以降，伯克制度已成为南疆社会发展的桎梏。

清政府治理新疆前期推行的军府制度，保证了乾隆中叶以后新疆地区长达百年的安定。但随着清政府综合国力的下降、外患内乱迭起，军府制度自身弱点日显。清廷朝野经过半个多世纪的讨论与政治、军事实践，终于走出了废除军府制度、建立行省的决定性一步。

作者简介

马大正，1938 年生于上海。中国社会科学院学术咨询委员，中国边疆史地研究中心研究员，博士生导师，国家清史编纂委员会副主任。主要著作有《马大正文集》《边疆与民族——历史断面研考》《中国边疆研究论稿》《新疆史鉴》，主编《中国边疆经略史》《中亚五国史》《卫拉特蒙古史纲》等 30 余种。

清政府治理新疆后期的行政管理体制
——创建行省

马大正

一、新疆行省体制的确立

军府制度治理下的新疆，虽然在嘉庆二十五年（1820）因和卓后裔张格尔入侵新疆引起震动，但由于清廷统治威力尚存，新疆社会并未发生大的动乱。道光二十五年（1845）后，南疆维吾尔族人民不堪忍受清朝官吏和维吾尔伯克的横征暴敛，反抗趋于激烈。同治三年（1864），库车各族人民终于发动了大规模武装起义，攻占库车城。农民起义的烈火迅速燃遍新疆各地。同治五年（1866），伊犁起义军攻占惠远城，将军明绪自尽，标志着清朝统治新疆军府制度的结束。然而，新疆各族人民起义的胜利果实却被各族中的封建主和反动的宗教头目篡夺，新疆形成了封建割据局面。内乱引发外患，浩罕军官阿古柏乘机入侵，沙俄也出兵强占伊犁。光绪二年（1876），督办新疆军务的钦差大臣、陕甘总督左宗棠指挥清军收复新疆。光绪七年（1881），清政府与俄国订立《中俄伊犁条约》收回伊犁。经过十多年动乱，新疆重新置于清政府统治之下。

　　然而，这时的新疆不仅军府旧制"荡然无存，万难再图规复"，而且社会经济生活也是"屋舍荡然"。光绪三年（1877），清政府谕令左宗棠统筹全局，左宗棠遂提出新疆建省主张。新疆建省之议由来已久。嘉庆年间著名学者龚自珍创议在新疆设置行省，道光年间魏源也主张新疆改设行省。学者们人微言轻，未能引起清廷的重视。时隔半个世纪，边疆大吏左宗棠五次奏议新疆建省，引起了清廷决策层的重视。后经其继任谭钟麟、刘锦棠的补充发挥，创建行省之议于光绪十年（1884）终为清政府采纳。

二、行省的管理系统

　　光绪十年十月，清政府正式任命刘锦棠为甘肃新疆巡抚，魏光焘为甘肃新疆布政使，标志着新疆省正式成立。从光绪八年到二十八年（1882—1902），新疆省地方建置日渐齐备。在新疆建省、广置郡县的过程中，善后局起了重要作用。

　　原来，清军在驱逐阿古柏匪帮时，为了恢复生产、维护地方社会秩序、保证部队粮草供应，组织了各级善后局。地方上的一切事务，都归善后局管理。新疆建省前，共有东四城善后总局兼办阿克苏善后局，西四城善后总局兼办喀什噶尔善后局，喀喇沙尔、库车、乌什、英吉沙尔、叶尔羌、和阗、吐鲁番、迪化州等八处善后局，沙雅尔、拜城、玛纳巴什等三处善后分局。这些善后局的职能与内地郡县职能几乎完全一致，成为后来建立郡县制的基础。

　　自刘锦棠之后，魏光焘、饶应祺、潘效苏相继为新疆巡抚。饶应祺在任期间，新疆建省已经18年，"边境安谧，岁事屡丰，关内汉、回携眷来新就食、承垦、佣工、经商者络绎不绝，土地开辟，户口日繁"（《新疆图志》卷一百零六，奏议志十六），一些地方建置已不适应新形势的需要。所以，或增设厅县，或升设府州，地方建置多有变化。到光绪二十八年，新疆全省设道四、府六、厅十一、直隶州二、州一、县二十一、分县二。

新疆建省后，职官设置的情况包括以下几方面：

巡抚衙门设巡抚一员，兼兵部侍郎、都察院右副都御史，节制提镇、城守尉，督理粮饷。光绪三十二年（1906），改为兼陆军部侍郎、都察院副都御史。笔帖式二员。提法使一员，光绪十一年（1885）以原设镇迪道加按察使衔兼管刑名驿传事务，宣统二年（1910）改为兼提法使衔。巡抚衙门内还有书吏、承差若干员，承办缮折文案等事。

布政使司设布政使、经历、新裕库大使各一员，掌一省行政，总司全省钱谷出纳，承宣政令，考核所属州县。

提学使一员设于光绪三十二年，属下有学科科长，副科长等无定员。这是清末官制改革中各省学政裁撤后新设的官职，主理学务事宜。

在蒙古族各部，于乌讷恩素珠克图盟旧土尔扈特南部落四旗，保存札萨克盟长卓哩克图汗一员；北部落三旗，有札萨克布延图亲王一员；东部落二旗，札萨克毕锡呼勒图郡王一员；西部落一旗，札萨克济尔噶朗贝勒一员；青色特启勒图新土尔扈特，中路和硕特札萨克固山贝子一员。

在维吾尔各部，于哈密保存札萨克亲王一员、吐鲁番札萨克多罗郡王一员、库车郡王一员、阿克苏郡王职衔贝勒一员、拜城辅国公一员、乌什贝子衔辅国公一员、和阗辅国公一员。

在哈萨克各部，于伊犁两部即黑宰部、阿勒班部，设台吉一员；塔尔巴哈台四部，即柯勒依部、曼毕特部、赛布拉特部、吐尔图勒部，分设台吉、千户长、百户长等员。

此外，伊犁将军仍然保留，成为只管伊犁、塔尔巴哈台地区军队的驻军长官。原各级驻军大臣先后裁撤。

三、创建行省的历史功绩

近代新疆的行政建置由军府制演变为郡县制，在历史上有着重要意义。

首先，有利于抵御国外侵略势力的威胁。新疆建省前，行政建置不统一；哈密、乌鲁木齐等地属驻兰州的陕甘总督管辖；伯克制、郡县制、札萨克制并存。新疆建省后，结束了这种人为地把新疆分成两部分进行管辖的不合理状况；分散、不统一的行政体制为单一的郡县制替代，军政大权统于巡抚。这一切，增强了新疆地区捍卫国家领土主权的能力。正所谓"新疆东捍长城，北蔽蒙古，南连卫藏，西倚葱岭，居神州大陆之脊，势若高屋之建瓴，得之则足以屏卫中国，巩我藩篱，不得则晋陇蒙古之地均失其险，一举足而中原为之动摇"（《新疆图志》卷一，建置志一）。

其次，有利于促进社会经济的发展。新疆建省后，为了恢复残破的经济，清政府改革了新疆旧有田赋制度、屯田制度和采矿制度，允许内地民众移居新疆。在田赋制度方面，新疆建省前与内地"地丁合一""按亩征收"不同，是"按丁索赋"。结果，"富户丁少赋役或轻，贫户丁多赋役反重"（《左文襄公全集·奏稿》《复陈新疆情形折》）。建省后，将内地实行的地丁合一制度推行到新疆，减轻了维吾尔族农民的赋役负担。在屯田制度方面，新疆建省前，兵屯、犯屯受累极重。建省后，对营勇汰弱留强，裁减兵勇"就各兵驻防之后，如有荒地可拨，为之酌数分给，即同己业"（《刘襄勤公奏稿》卷七，《遵旨统筹新疆情形以规久远折》）。对于犯屯，也"仿照民屯，优给牛籽房具田粮"

（同上书卷十二，《新疆助垦人犯筹款安插情形折》），调动了屯垦生产的积极性。在矿业制度方面，新疆建省前，挖金采铜筹币采取摊派方式，农民被迫入山采矿冶炼。建省后，改为"听民开采，纳课归官"（同上），在一定程度上调动了农民的积极性。此外，新疆建省后，社会经济亟待恢复，需要大批劳动力，清政府取消了以往的禁令，允许内地农民迁赴新疆耕作。结果，直隶、山东等省的"逃难百姓"来到新疆，加快了新疆的经济开发。新疆建省时，乌鲁木齐"城中疮痍满目，无百金之贾，千贯之肆"。建省后，商路渐通，各路商人"连袂接轸（zhěn，指车），四方之物，并至而会"（《新疆图志》卷二十九，实业志二），乌鲁木齐很快繁荣起来。

第三，郡县制代替伯克制，一定程度上解放了社会生产力。郡县制产生于我国春秋时代，秦朝以后，成为我国历代相沿的地方制度。在这一制度下，郡县各级官吏为封建朝廷简放、调遣或罢黜，有利于中央集权的统治，在中国统一多民族国家发展巩固过程中占有重要地位。此外，郡县制和封建的租佃制相联系，是一种比较进步的封建政治制度。而伯克制不仅是一种职官制度，还是封建农奴制度，各级伯克就是大小不等的封建领主。伯克们占有"燕齐"，即农奴。农奴在作为伯克俸禄的"养廉田"里耕作。伯克们任意霸占自耕农的土地，迫使更多的自耕农为逃避清政府的赋役而沦为"燕齐"。光绪十二年（1887），清政府决定将所有伯克名目全行裁汰。从此，伯克制退出了历史舞台。原来被束缚在这些土地上的"燕齐"，开始以佃农的身份租种政府的土地，按例纳赋，从而使实物地租代替了劳役地租，租佃制取代了赋役制，解放了社会生产力，在一定程度上调动了维吾尔农民的积极性，促进了维吾尔地区社会经济的发展。

清朝统治新疆时期动乱事件研究

马大正

社会动乱是与社会稳定相对立的。本文就"动乱"一词试作如下界定：动乱是某些人、某些组织、某些阶层、某些阶级的行为越出了社会运行常轨，引起社会秩序混乱，影响社会生产、生活及各方面活动正常运行，并危及国家安全的社会运行形态。这里所说的清朝时期动乱事件是涵盖了叛乱、暴动、农民起义、宗教纠纷、外国入侵等引起社会动荡、混乱的一切事件，并不涉及对每一动乱事件性质的评估。清朝统治新疆自 1759 年（乾隆二十四年）至 1911 年（宣统三年），共 152 年，其间发生过一些动乱事件，有的尽管达到一定规模，然而最终并没有从根本上破坏新疆地区与祖国的统一。

一、基本状况评估

清王朝自 1759 年统一新疆以后，除了个别年代，基本上牢牢控制了新疆政局。虽然其间也发生过一些动乱事件，但是 152 年间，形成一定规模、产生较大影响的动乱并不多。如果把所有微小型动乱事件都算上，共有 20 余起。那种认为当时新疆一直处于"十年一小乱，二十年一大乱"的说法，是没有历史根据的。

（一）规模。归纳起来可分三个层次：

大型。波及新疆大部分地区的仅二起：同治年间发生的新疆农民起义（1864 年）和阿古柏入侵（1865—1877 年）。这两起实际上是连接、交织在一起的。

中型。跨几个"回城"（相当于今天的县）的有五起：张格尔之乱（1820—1828 年）、浩罕入侵（1830 年）、七和卓之乱（1847 年）、倭里罕之乱（1857 年）和沙俄入侵（1871—1882 年）。

微型。范围在一个或几个"回庄"（相当于今天的乡）的有：迈喇木事件（1760 年）、乌什起义（1765 年）、昌吉犯屯暴动（1767 年）、孜牙墩事件（1815 年）、玉散霍卓依善事件（1855 年）、贸易圈事件（1855 年）、迈买铁里事件（1857 年）、额帕尔事件（1860 年）、杨三腥事件（1863 年）、吴勒子事件（1899 年）、吐尔巴克事件（1907 年）等。有的事件仅在卡伦附近发生，如胡完事件（1845 年）、铁完库里事件（1852 年）、沙木蒙事件（1845 年）等，规模就更小了。

从时间上看，只有阿古柏入侵和沙俄入侵两者交织在一起，延续十几年。张格尔之乱前后七八年，但只是在 1826 年至 1827 年秋春之际形成一定规模。乌什事件前后持续半年有余，但范围仅乌什一城。其余事件长不过二三月，短则几天。

（二）热点地区。

半数以上事件，如迈喇木事件、孜牙墩事件、张格尔之乱、浩罕入侵、胡完事件、七和卓之乱、铁完库里事件、沙木蒙事件、玉散霍卓依善事件、倭里罕之乱、额帕尔事件、阿古柏入侵等，均发生在塔里木盆地西部喀什噶尔（今喀什）、叶尔羌（今莎车）一带。

（三）多发时期。

绝大多数事件，包括所有大、中型动乱事件集中在 19 世纪 20—70 年代，即清朝统治新疆中期。1759 年至 1819 年的 60 年间仅四起，都属微型的。19 世纪 70 年代以后仅有三起微型事件。因此可以认为，清朝统治新疆经历了一个"治—乱—治"的过程。

二、类型分析

清朝统治新疆时期动乱事件性质比较复杂，归纳起来大致有以下几类：

（一）白山宗和卓家族作乱。

17 世纪末，伊斯兰和卓家族在以喀什噶尔、叶尔羌为中心的南疆西部塔里木盆地建立了准噶尔贵族卵翼下的神权统治。18 世纪中叶清朝在统一新疆的战争中，与清朝对抗的白山宗和卓后裔流亡境外浩罕等地。这些亡命之徒本身成不了气候，但自 19 世纪 20 年代起，他们得到浩罕封建主的支持，开始由境外入寇，制造了张格尔之乱、七和卓之乱、倭里罕之乱等事件，并参与历次的浩罕入侵、骚扰共 11 起之多，这些骚乱使喀什噶尔地区成为新疆动乱的热点地区。和卓入寇是祖国统一、新疆统一时期，封建宗教贵族的复辟活动，其目的是在南疆搞"独立"活动，为了复辟，张格尔甚至不惜与浩罕封建主"子女、玉帛共之"，"割喀城酬劳"浩罕。

（二）外国势力的入侵。

这类动乱又可分为两类。一是沙俄入侵，另一是浩罕封建主入侵。

沙俄入侵势力引发事件两起。其一是同治年间沙俄出兵霸占伊犁，也就是发生浩罕军事封建主阿古柏大举进军南疆，而清政府已对新疆大部分地区失去控制的时候。直到光绪初年清军平定阿古柏收复南北疆大部分地区后，沙俄才被迫撤兵退还伊犁。其二是咸丰年间，塔尔巴哈台民众为反抗沙俄霸占雅尔噶图金矿，焚毁了沙俄在中国领土上所建类似租界性质的贸易圈，由此引发涉外事变，但影响仅限于塔尔巴哈台一地。

浩罕入侵势力制造的变乱事件四起，规模较大的是1830年入侵和1865年阿古柏入侵，其他两起（玉散霍卓依善事件和额帕尔事件）是微型的变乱。1830年事件在西方论著中一般称作"玉素普圣战"，这种提法不符合历史事实。这一事件的肇事元凶是浩罕入侵军。浩罕入侵军二三万，由浩罕宰相明巴什阿哈胡里统领，玉素普和卓参与其间，但只是协同。浩罕军作乱三个月，一度抢占了喀什噶尔、英吉沙尔两地回城，但当清军赶到前夕即窜出边卡。浩罕封建主的这次入侵完全是明火执仗的强盗行径，连浩罕史料都承认，这是"掠夺性远征"。

1865年阿古柏事件是浩罕封建主对新疆的军事入侵。阿古柏是乌兹别克人（一说塔吉克人），浩罕国的高级军官。1864年，库车农民暴动引发了新疆农民大起义。喀什噶尔白山宗头目托合提马木提、塔什密里克庄柯尔克孜头目恩得克、伽师回民头目金相印先后起事，并发生讧斗。恩得克为防止喀什噶尔联合金相印等，派人去浩罕迎请白山宗和卓后裔。浩罕摄政王毛拉柯里木库里遂派阿古柏护送和卓后裔布素鲁克来到南疆。阿古柏入侵喀什噶尔不久便将布素鲁克踢到一边，并通过一系列战争，攻灭了当时南疆各地占地为王的封建主，建立浩罕殖民政权，即所谓的"哲德沙尔"（七城）伪政权。近年日本学者的研究认为，阿古柏政权的各级军政官吏绝大多数是外来者，浩罕汗国人。结论是："征服者的特权军事集团是覆盖在相对独立的几个地区性社会之上的上层建筑，和进行掠夺统治的军事寄生国家的形象是没有矛盾的。从这一意义上，我们必须说，把阿古柏政权断定为维吾尔的政权是有困难的。"［新免康：《阿古柏政权性质的考察》，载（日本）《史学杂志》96编4号］这一研究是认真的，结论是有说服力的。有人认为阿古柏问题是内乱性质，理由是浩罕国属于中国，这种认识也是缺乏历史根据的。诚然，浩罕国在乾隆时期曾在政治上依附于清朝，但清王朝从来没有在浩罕设官、驻兵，也没有在该地征收赋税。其时它仅仅是清朝中国版图外的附属国。至于把阿古柏颂扬成维吾尔族"民族英雄"，把清朝平定阿古柏说成是镇压维吾尔人民起义，在学术上是荒谬的，政治上是别有用心的。

（三）农民起义。

这类事件主要有1765年乌什起义和1864年新疆农民大暴动。1857年库车迈买铁里事件、1863年伊犁杨三腥事件是微小型的，但显然是1864年新疆农民大暴动的先声。1765年乌什起义是小型事件，但影响较大，值得注意。另外两起，即1767年昌吉犯屯暴动和1907年哈密吐尔巴事件，都是微小型变乱。

同治年间新疆农民大暴动是当时新疆社会阶级矛盾的总爆发，其性质是反封建的农民起义。但是由于起义农民没有认识到自己的阶级利益，致使起义的领导权几乎从一开始就为世俗和宗教封建主把持。新疆的大部分地区迅速变成宗教封建主"圣战"和宗教封建主之间互相攻伐的战场。这种混乱局面很快导致了浩罕封建主的入侵，变乱由此发生了根本性质的转变。

1765年乌什起义却是当时当地阶级矛盾尖锐化的结果。后来清朝方面的调查证实，"乌什回人（维吾尔民众）作乱实因扰累所致"（《平定准噶尔方略续编》卷二十九），乌什起义本质上是反封建的。乌什起义并没有扩大的原因，一是除乌什一地外，当时南疆社会阶级矛盾远没有激化到官逼民反的地步。再就是，企图趁乱闹事的伯克、阿訇毕竟是少数，大多数维吾尔伯克则表现出维护新疆政局稳定的坚定立场。总之，对乌什起义的正义性质应予肯定，但是这种肯定并不意味着肯定那些趁乱闹事的伯克、阿訇。把他们的这些活动简单地等同于人民起义的观点，把反对闹事视为镇压人民起义刽子手的认识，并不可取。

（四）宗教纠纷引发的变乱。

清朝统治新疆时期宗教纠纷常有，但由此引发变乱的只有1815年孜牙墩事件和1899年吴勒子事件。

孜牙墩是喀什噶尔附近一个回庄的阿訇，属黑山宗，他为迎娶白山和卓家族之女，违反了黑山与白山互不往来的戒律，遭到阿奇木伯克粗暴干涉，愤而起事。这本是宗教教派中的纷争，可清朝官吏中好事者小题大做，抓获孜牙墩后以严刑逼供，迫使这位小小回庄的阿訇承认要做南疆王。此事被渲染得有声有色，以致西方和日本的有关著作都把它当做一件大事来叙述（参见《剑桥中国晚清史》，佐口透《18—19世纪新疆社会史研究》）。但总的来看，它只是件最低层次的微小事件。吴勒子为绥来（玛纳斯）回民新教头目，清政府在"新旧教争"中偏袒旧教、压制新教，由此引发这一变乱事件。它同孜牙墩事件一样属微小事件，所不同的是它几乎没有引起人们的注意。

以上仅对历次变乱的性质作了大致划分。实际上变乱的情况是错综复杂的。如道光、咸丰年间喀什噶尔地区的变乱都是和卓复辟势力与浩罕入侵势力勾结的结果。有时和卓煽动民众在前面打冲锋，浩罕封建主在背后出力、出兵支持，如1826年张格尔攻打喀什噶尔；有时是浩罕直接出兵，和卓积极参与，如1830年事件；有时是和卓在城外骚扰，侨居在喀什噶尔城内的浩罕商人头领放火内应，如1857年倭里罕之乱。从以上分析中可以看到，这一时期新疆动乱所反映的既不是民族问题，也不主要是宗教问题。究竟是什么问题呢？这必须对这一时期社会经济发展过程和新疆境外环境的演变进行深入考察。

三、原因分析

清朝统治新疆时期政局演变的基本轨迹是"治—乱—治"，南疆西部是动乱的热点地区。其原因大致分析如下。

（一）这是新疆社会、经济矛盾运动的结果。

军府制度下，清政府在新疆实行以伯克制为主、札萨克制和郡县制为辅的一区三制，表现了清政府行政建制的灵活性。实施之初，总的看来，依靠面广泛，打击面狭小，而且清军在南疆驻兵少，对地方的科派也相对轻。南疆维吾尔农民向清政府缴纳十分之一税，比过去将自己收成一半以上缴给准噶尔封建贵族，要轻得多。清朝在新疆的统治，至少在前期，维吾尔农民的负担有相当程度的减轻。除个别地方外，阶级矛盾相对缓和，这就是乾隆、嘉庆时期新疆半个多世纪政局稳定的根本原因。

道光年间，和卓后裔开始在喀什噶尔地区闹事，原因是多方面的，其中很重要的一点是伯克制的弊端。前文谈到军府制下的伯克制之建立是历史的变革，但这种有限度的"改土归流"，其弊端是固有的，并随着时间的推移愈来愈明显。大臣凌驾于伯克之上，但一般只管军政，民政事务则全部放手于伯克。伯克虽不再是世袭土官，但伯克选拔范围完全限于维吾尔权贵。伯克，特别是高级伯克子弟再贪纵暴虐，也可能被选中。伯克任期长，有的伯克甚至可在一城一地为所欲为10年、20年，直至老死，俨然一方土王。激发乌什起义的阿奇木伯克阿不都拉，就是哈密郡王的弟弟，他把乌什庶民统统当做任意驱使的农奴。当时乌什地区阶级矛盾的激化还不带有普遍意义，但已显示出伯克制的弊端。清政府总结乌什事件教训时提出一些"革弊安良"措施，即"阿奇木之权宜分，格纳坦（苛捐杂税）之私派宜革，回人之差役宜均，赋役之定额宜明"等等。但是伯克制中的弊病只能暂时收敛，并不能从根本上加以遏制。这种以落后的领主制为经济基础的伯克制，愈来愈阻碍着生产力的发展。进入19世纪后，伯克们的领主地位愈来愈强化，"民穷"问题日益严重，阶级矛盾日趋尖锐，从而为动乱提供了社会基础。

事实上，阻碍历史前进的伯克制最终还是被人民埋葬了。同治年间，农民暴动的烈火燃遍大半个新疆，待左宗棠领兵规复新疆时，维吾尔王公伯克都已家产荡尽，衰败没落，农奴对王公伯克的人身依附在很大程度上得以解脱。左宗棠认为"际此天事、人事均有可乘之机，失今不图，未免可惜"（《左文襄公全集·奏稿》），力主废伯克，置行省。1884年新疆建省，同时裁撤各城伯克。一部分伯克在地方政府中留任书吏或乡约，虽分有田地作办公薪资，却不再分得"燕齐"。战乱后新疆实行与内地同一的摊丁入亩赋税制度，比之过去显然是社会的进步。以建省为中心的社会政治经济制度的改革，既加强了与祖国内地在政治上、经济上一体化的进程，又在一定程度上解放了生产力，从而为清朝统治最后时期新疆政局的稳定提供了保证。《剑桥中国晚清史》认为："这一制度革新成了中国边疆史上的里程碑。"（《剑桥中国晚清史》下册，第115页）这样的评价并不过分。当然这种变革仍有其不彻底性。哈密王的世袭领地依然完整地保留下来。该地的"改土归流"问题至清朝覆亡也未解决。1907年哈密吐尔巴克事件发生，标志着哈密地区将转为变乱的多发区，这在民国新疆史中得到证明。

综上所述，围绕军府制下的伯克制的建与废表现为分两步走的"改土归流"过程，本质上是生产关系的调整变革，它对新疆政局的发展有着决定性作用。

（二）来自境外的入侵，引发或加剧新疆动乱。

清朝统一新疆伊始，由伊犁往西广大草原地区为哈萨克各部落游牧地，喀什噶尔附近及天山西部山区为柯尔克孜各部落游牧地。清朝政府以哈萨克、柯尔克孜为新疆西境边塞卫士，如魏源所言："新疆南北二路，外夷环峙，然其毗邻错壤作我屏卫者，唯哈萨克、布鲁特（柯尔克孜）两部落而已。"（《圣武记》卷四）

19 世纪初，在与喀什噶尔西境柯尔克孜牧地相邻的费尔干纳盆地，由乌兹别克族建立的浩罕国迅速崛起。它不仅在政治上逐渐脱离了对清朝的依附，而且妄图通过控制喀什噶尔，实现其垄断东方贸易的野心，遂加紧向清朝边境及至喀什噶尔地区多方渗透。嘉庆末年，浩罕封建主一再试图把自己的征税官派到喀什噶尔收取商税。这种侵犯中国主权的无理要求，理所当然地遭到清政府的严词拒绝。浩罕一带滞留了一些亡命和卓后裔，一向为浩罕封建主不齿，浩罕称他们为"无赖""歹徒"。但是由于对清政府的日益不满，浩罕封建主遂支持和卓闹事，好伺机牟利。张格尔之乱发生后，浩罕封建主认为这是浑水摸鱼的好时机。清朝统治新疆中期浩罕的历次入侵、骚扰就是在这一背景下发生的，也正是浩罕的入侵加剧了喀什噶尔附近地区的社会动荡。

清朝统治新疆中期多变乱，两头却是相对平静，归根结底是新疆社会经济的矛盾与来自境外的因素共同作用的结果。其中必须看到的是：这一时期的社会经济制度的变革对新疆的稳定起到决定作用。

（三）清政府治疆战略思想、疆吏的应变举措及新疆吏治状况，也对动乱的发生、发展在一定程度上产生影响。

在乾隆皇帝看来，"辟新疆"是"继述祖宗（指康熙、雍正帝）未竟之志事"（《清高宗实录》卷五百九十九），这是从政治角度考虑问题。军事重臣如左宗棠强调的是"重新疆者，所以保蒙古，保蒙古者，所以卫京师"（《左文襄公全集·奏稿》），这是从军事角度考虑问题。新疆驻有数万军队，虽然屯田解决了粮饷问题，但官兵的俸银等开支仍依靠中央政府的"协饷"支持。这笔耗费常被当做一个问题提出，特别是新疆变乱发生，军费倍增，朝廷上下未免议论纷纷。如李鸿章说：乾隆朝定新疆"徒收数千里旷地，而增千百年之漏卮（zhī，古代盛酒的器皿），已为不值"。

虽然清朝最终把新疆军事战略上的重要地位与本朝生死存亡联系起来，认定放弃新疆"虽欲闭关自守，其势未能"（《清德宗实录》卷四），但一般确实以为新疆在经济上是"无用之地"，对新疆经济发展问题不屑一顾。嘉庆朝一位疆臣曾提出要在某地开办铅厂，据称年可得税银一万两，于新疆财政有所弥补，但遭到清帝的拒绝和斥责。清帝再三告诫的是："新疆重任，以守成为本，切勿存见讨好之念。"（《清仁宗实录》卷三百零五）清政府长期实行低赋，维持旧体制，以为这样就可天下太平，其实不然。事实证明，维护落后的社会经济制度，忽视新疆的经济开发，致使社会发展相对停滞，只能为大规模动乱爆发准备条件。新疆经济发展远远落后于内地，防备经费不得不依赖中央政府的财政支持。乾隆后期清朝国力下降，鸦片战争后为支持战争赔款，国库告罄，加之咸丰、同治年间太平天国、陕西回民起义，导致供给新疆"协饷"完全断绝，新疆防务也随之陷入绝境。这也是同治年间新疆被外敌侵占、社会动荡一时无法遏制的重要原因之一。总之，加强新疆军事、政治建设，成绩应予肯定，但视新疆在经济上为"无用之地"的认识，发展经济无所作为的观点，却是其治疆战略思想上的最大失误。其实，这与清政府边疆政策在鸦片战争前的最大失误——片面追求社会稳定，而牺牲社会发展有密切关系。

新疆政局的动荡和稳定，除了以上所述的根本原因外，有时还与疆吏的应变举措有着重要联系。左宗棠统兵入疆，以排山倒海之势扫荡了阿古柏匪帮，又以大无畏精神部署抗俄军事，力促中俄伊犁交涉成功，继而抓住历史契机，促成新疆建省。总之，他在军事、政治上的作为对新疆历史发展产生了不可磨灭的影响。从另一方面看，某些疆吏举措失误导致严重后果，亦不止一二例而已。如1765年乌什起义，起初起事者仅百人，且最初仅仅是反抗乌什的阿奇木伯克和办事大臣的贪淫暴虐，清兵赶来时乌什民众还开城门相迎。但清兵在阿克苏办事大臣卞塔海指挥下开炮轰城，遂致全城造反。再如张格尔自1820年闹事，但一直是在边卡上进行小规模骚扰，追随者也仅数百人。可是到1825年事态急剧恶化，缘由是一个名叫巴彦巴图的清朝军官领兵追捕张格尔，未获，却将当地柯尔克孜头人亲属及许多无辜牧民杀害，谎称遇贼杀敌。这场滥杀的后果是把大批柯尔克孜人推向张格尔一边，张格尔由此气焰嚣张。西方历史学家也认为："如果不是一位清朝官员的愚蠢，张格尔的圣战也许已成泡影。"（《剑桥中国晚清史》上册，第394页）现在看来，当时的一些变乱，本不该发生或本不该形成那样的规模，但由于疆吏应变举措严重失误，终于发生了、扩大了。

应变过激会致使事态人为扩大，反之过缓消极应付，本想息事宁人，往往适得其反。浩罕在张格尔骚乱伊始就深深地卷了进去。平息张格尔之乱后，清朝钦差大臣那彦成对浩罕采取禁绝贸易的措施，一心认为浩罕"生计日蹙，不久即叩关效顺"，军事上并没有什么准备。没料到，竟被浩罕突然袭击，打个措手不及。待清朝从万里外调集重兵驰援，浩罕入侵军又缩了回去。清朝为摆脱进退两难的局面，只得全面妥协，与浩罕媾和。自此以后，浩罕益发骄横，直接、间接插手其后许多次喀什噶尔地区变乱。一位俄国人作为旁观者看到"浩罕人积极参与了一切反叛风潮"，然而使他震惊的是"中国对胡作非为的浩罕人所持的忍让政策"。如他所说："在这种情况下，新疆的秩序和安宁无时可确立。"（《瓦里汉诺夫选集》第 531 页，阿拉木图，1958 年俄文版）顺便指出，应变过激多半发生在基层，其失误一般是战术性的；而应变过缓则是高层决策中的问题，其失误往往是战略性的，后果可能更加严重。

疆吏应变失当，有的是能力素质问题，更多的缘由是其品质恶劣。应该承认，清朝统治新疆初期，还是比较注意整肃吏治的。乾隆帝就下令将开炮轰击乌什城的卞塔海等以骚扰罪在军前正法。但自乾隆后期吏治已不清明，嘉庆、道光年间更是每况愈下。当时新疆的大臣一律由满员充任，随着八旗腐化，这些满员的腐败已到了极其严重的程度。官吏如此腐败，民众当然"睄睄（shāo，略看一眼）伊视"，政局也难保稳定。建省后，新疆不再是荒淫无度的满员一统天下，官员素质有所提高，对新疆政局的稳定亦有积极的影响。

四、历史的启示

历史是过去的现实，现实是历史的继承和发展，今天回顾这一段历史，值得今人总结的历史经验很多，试举要者略述。

（一）发展经济、维护统一、保持稳定的宗旨仍是今天的首要任务。

清政府治理的新疆和中华人民共和国治理下的新疆维吾尔自

治区，从政权性质上说发生了根本变化。今天，各族人民成了国家的主人、成了真正主宰历史的主人。同时，清朝时期影响新疆稳定的两大因素也发生了历史性变化，和卓早已成了历史陈迹，外国势力入侵的现实威胁也已为和平的周边环境所替代。但发展社会经济、维护国家统一、增强民族团结、保持社会稳定，仍是中华人民共和国政府治理新疆的根本任务。对这变与不变的历史与现实，我们应有清醒的认识。

（二）正确处理边疆地区稳定与发展的辩证关系。

这里说的稳定是指社会稳定，这里说的发展是指经济发展。社会稳定有赖于经济发展，经济发展又必须要以社会稳定为保证。以发展求稳定，以稳定保发展。两者是相辅相成、互相促进、互相补充的辩证关系。经济发展，人民负担减轻，有利于社会稳定，清朝新疆历史的进程已证明了这一真理，历史经验值得重视。

当然，以发展求稳定，并不等于说新疆地区经济发展了，就一定会安定。发展只是边疆地区稳定的必要条件，不是充分条件，或唯一条件。边疆地区经济、文化发展还需要与相应的控制手段相结合，才能得到真正的稳定与安宁。所以不能简单地把边疆的发展与边疆的稳定等同，尤其是随着边疆的发展，边疆分裂势力的能量也有可能得到强化。因此，越是在边疆地区发展变化时期，越有必要加强中央在边疆的权威和影响。

（三）统一与分裂是新疆政治斗争的焦点，民族与宗教一般意义上说，仅仅是一种幌子，对此要有清醒的认识。

新疆是多民族地区，清朝统治新疆时期的动乱往往带有浓厚的民族色彩。宗教，特别是伊斯兰教在新疆有着广泛影响，清朝统治新疆时期许多动乱常有浓厚的宗教色彩。但是，我们并不能因此认为，清朝统治新疆时期的变乱是民族斗争，或者如有的论者把它们称为"伊斯兰圣战"。如上所述，1765年乌什起义和1864年农民大起义是当时阶级矛盾激化的结果，性质是反封建。和卓作乱一度确实裹胁了大批当地民众，但张格尔的行径既背叛祖国又背叛民族，很快就失去了民众。当长龄再次平息浩罕勾结玉素甫和卓入侵骚扰，进驻喀什噶尔城时，受到当地二万民众数十里夹道欢迎，长龄也为之动容。所以，实际上当时的动乱本质上并不是某一民族针对另一民族，和卓作乱本质上不是民族斗争，更不是什么"伊斯兰圣战"，对于动乱发动者来说，民族、宗教仅仅是煽动民众的工具和手段。从这一点看，历史与现实有相似之处。今天一些分裂分子，在民族的幌子下，打出"圣战"的旗帜，其实质是要搞分裂。抓住了当前斗争的实质，我们一方面要承认民族因素、宗教因素的实际存在，在涉及民族、宗教时要慎之又慎；另一方面在处理具体问题时，应尽力淡化民族色彩，强化统一多民族国家这一主题。切忌把具体问题与民族问题连在一起，应有什么问题就解决什么问题，是什么问题就按什么问题来解决。

（四）做好人的工作，尤其是下大力气抓官员素质的提高。

人，首先是指生活在新疆的广大各族人民群众。要做好人的工作，除了要发展生产，使广大人民群众生活稳定并不断得到改善（不只是纵向比较，还必须注意横向比较）外，还必须注意处理好以下三个关系：

一是维吾尔族与自治地方人数最多的汉族的关系；

二是维吾尔族与自治地方其他民族的关系；

三是自治地方各民族之间的关系。

从新中国成立后，我们一贯提倡既反对大汉族主义，也反对地方民族主义，在实践中有成效，也有失误。从当前实际看，鉴于上世纪70年代后期以来，民族意识明显高涨，其消极性、破坏性日益突出，祖国的统一与分裂正成为今天政治斗争的焦点。因此，我们工作的重点，应淡化民族色彩，强化国家意识，强调不论哪一个民族，首先都是中华人民共和国公民这一基本点。

历史上官吏素质的高低，今天干部群体素质的高低，是稳定新疆、发展新疆最重要的因素之一。今天新疆的干部实际上是中华人民共和国政府派驻新疆的边疆大吏和各级官员，他们的勤政、廉政，他们政绩的得失直接影响中华人民共和国对新疆的治理，也与中华人民共和国的统一休戚相关，可谓责之大矣！

在这一大批干部群体中，少数民族干部的培养除了工作能力外，对共产主义的信仰和对中华人民共和国的忠诚应是第一位的。同时我们也不应忽视，要下大力气造就一批安心扎根新疆工作的汉族和其他民族的干部群体，要从巩固祖国统一的战略高度来认识汉族干部的特殊作用，对他们要善待、厚养，唯此才能有魄力和决心来解除他们的各种后顾之忧，使他们与少数民族干部一样成为一支维护祖国统一、地区稳定、民族团结的中坚力量。

刘锦棠与新疆建省

杨东梁

18 世纪中叶，清军平定准噶尔和回部，统一了天山南北，并将这一广袤地区定名为新疆。1762 年（乾隆二十七年），清政府正式设置伊犁等处将军（简称伊犁将军），管辖天山南北驻防，兼管全新疆行政事务，下设都统、参赞大臣、办事大臣、协办大臣、领队大臣等官员。喀什噶尔参赞大臣"总理南疆事务"，乌鲁木齐参赞大臣（后改都统）掌管乌鲁木齐及其以东地区军政事务。

清廷对新疆的管理是灵活多样的，除了推行上述的军府制外，在南疆的维吾尔族聚居区又实行"伯克制度"，即在驻扎大臣的直接监督下，设置各级伯克（官名），由当地贵族担任；在北疆的哈密、吐鲁番又建立"扎萨克"制度，封王赐爵，统治属民；对迁居乌鲁木齐、巴里坤、哈密等处的内地民户则实行州县制度，行政上隶属于甘肃，同时服从当地军事长官节制。

1864 年（同治三年），新疆爆发了大规模维吾尔族、回族的反清武装起义，而掌握起义领导权的少数宗教上层分子，以所谓"圣战"为口号，扯起"排满、反汉、卫教"的旗帜，先后建立数个地方割据政权。更有甚者，某些割据头目引狼入室，导致中亚浩罕汗国军官阿古柏入侵，占领了南疆七城，建立伪政权。沙俄又趁机侵占伊犁全境，使新疆陷入严重动乱中。

在西北形势岌岌可危之时，陕甘总督左宗棠极力主张出兵新疆，收复失地。经过一场激烈的"海防与塞防之争"，清廷最后决定西征，并任命左宗棠为钦差大臣、督办新疆军务。而作为西征军的主力正是由西宁兵备道刘锦棠率领的"老湘军"。

刘锦棠（1844—1894），字毅斋，湖南湘乡人。15 岁即随叔父刘松山参加镇压太平军，以后又赴西北与陕甘回民军作战。1870 年（同治九年），刘松山战死后，他接统"老湘军"。1876 年（光绪二年）春，刘锦棠以"总理行营营务处"身份，率"老湘军"25 营万余人经河西走廊开赴前敌，时年 32 岁。清军一路势如破竹，经黄田、古牧地等战役后，一举攻克乌鲁木齐。略经休整，"老湘军"又在由提督张曜率领的"嵩武军"和由总兵徐占彪率领的"蜀军"配合下，取得"达坂—吐鲁番之役"的重大胜利。1877 年 10 月初，清军发动秋季攻势，刘锦棠率骑兵 2000 余人，穷追阿古柏残部，"三旬之间，迅扫贼氛，穷追三千里，收复东四城（库尔勒、库车、阿克苏、乌什），歼敌数千，追回难民数十万。决机神速，古近以来，实罕其比"（《左文襄公全集·批札》）。年底，攻克南疆重镇喀什噶尔（今喀什），随即，又收复叶尔羌、和田，至此，南疆全部光复。1880 年夏，左宗棠"舆榇（chèn，棺材）出关"，驻哈密，表示誓死一战的决心，同时拟分兵三路规复被沙俄占领的伊犁地区。左宗棠以军事准备为后盾，支持了曾纪泽正在与俄国进行的外交谈判，伊犁大部分地区得以回归祖国怀抱。

新疆收复之后，应如何治理？是恢复旧的军府制，还是建立行省？这成为当时亟待解决的问题。早在嘉庆末年，经世派学者龚自珍就撰写过《西域置行省议》的文章，主张在新疆建省，推行郡县制。但当道者漠然视之，此建议如泥牛入海，无人问津。

经过同治以来十余年的动乱，清朝在新疆的统治机制遭到摧毁，旧的统治制度"荡然无存，万难再图恢复"（《刘襄勤公奏稿》卷三）。光绪初年新疆重归版图后，痛定思痛，左宗棠于1877年7月上《遵旨统筹全局折》，正式提出在新疆设立行省的建议，但左氏不久即调离西北，建省计划未能落实，这一使命就落到了接替左宗棠出任"督办新疆军务"的刘锦棠身上。

新疆要不要改设行省，在朝廷内外发生过争议。当时，翰林院编修刘海鳌就认为，新疆地广人稀，难以自成一省，因此"郡县未可遽设"（《光绪东华录》第二册，1289页）；文华殿大学士兼直隶总督李鸿章在给丁宝桢的信函中也说，"新疆改设行省，财力实有不逮"，并冷嘲热讽道："左翁老矣，贻累后人，未敢许为经国远谟（mó，策略）。"（《李文忠公全书·朋僚函稿》卷十八）曾任布伦托海办事大臣的李云麟也反对建省方案，认为"新疆建省，窒碍难行"（《西陲事略》）。但左宗棠不为所动，又连上两折，进一步论证了新疆建省的必要性和可行性。时任钦差大臣、督办新疆军务的刘锦棠根据他对新疆的实地考察，在与陕甘总督谭钟麟多次磋商后，于1882年9月5日（光绪八年七月二十二日）提出了一个新疆建省的具体方案。他首先充分肯定了新疆建行省的必要性，"欲为一劳永逸之计，固舍增设郡县，别无良策"（《刘襄勤公奏稿》卷三），但又考虑到单独建省的实际困难，提出：新疆仍归陕甘总督节制，另外添设甘肃驻新疆巡抚一员，驻乌鲁木齐，加兵部尚书衔，统管新疆全境军政事务；在甘肃新疆巡抚下面，设布政使一员，亦驻乌鲁木齐；旧有镇迪道员加按察使衔，"兼管全疆刑名驿传事务"。如实施这个方案，新疆既成为一个独立行政省区，又与陕甘两省保持密切联系，实际是把包括新疆在内的西北地区连成一个整体。

经过慎重考虑，清廷最后批准了刘锦棠的建省方案。由刘锦棠主持，先在南北两路各设道、厅、州、县，又选派官吏，增设衙署，疏通驿站，并于 1882 年 8 月增设阿克苏道和喀什噶尔道。截至 1882 年上半年，在南疆地区，厅、州、县的建制已初具规模。1884 年 11 月 7 日（光绪十年九月三十日），清廷发布上谕，正式宣告新疆建省。随后，刘锦棠被任命为首任"甘肃新疆巡抚"，加兵部尚书衔，统辖全疆官兵，驻乌鲁木齐；又调甘肃布政使魏光焘为"甘肃新疆布政使"，随巡抚驻扎。1885 年，刘锦棠、魏光焘分别从哈密、兰州抵达乌鲁木齐，设府办事，新疆建省遂成事实。

新疆正式建省后，行省体制并未能在全疆完成，一是南路仍然保留"伯克"的名目，与州县官并立；二是北路的伊犁、塔城地区仍归伊犁将军管辖，照样实行军府制。为了统一体制，在刘锦棠一再要求下，清政府终于在 1887 年下令，将"所有伯克名目全行裁汰"（《平定陕西甘肃新疆回匪方略》卷三百二十），从而极大地削弱了维吾尔族封建主的传统特权，巩固和加强了新疆建省的成果；为解决伊、塔地区的管辖问题，1885 年 9 月，刘锦棠上《伊塔各大臣分别应裁应留折》。1886 年 5 月，又上折指出："伊犁及塔尔巴哈台等处原系新疆北路，辅车相依，不容漠视，拟请仿照镇迪道之制，置设伊塔道一员，驻扎伊犁，兼管塔城事务，改伊犁抚民厅为府，改塔城通判为抚民同知，加理事衔，兼管屯田水利，庶几官事有联，而屯政亦因之具兴。"（《刘襄勤公奏稿》卷十）但这一建议遭到伊犁将军色楞额的反对。刘锦棠坚持巡抚统领全疆的原则不动摇，几经周折，清廷终于在 1889 年统一由巡抚统辖全疆，将军改为驻防。从此，伊犁将军仅管伊、塔两地防务，权限大为缩小。

19 世纪 80 年代新疆建省的历史作用和意义是不言而喻的。首先是它维护和巩固了祖国的统一。建省后，当地传统的社会组织发生了重大变革，并改变了原来"治军之官多，治民之官少"的局面。中央政府的政令可以通过各级地方政府（道、府、州、县）层层下达，便于贯彻执行，使"政令不通"的弊端得到根本改善；其次，密切了新疆各族人民之间的往来，避免了政出多门、互相扯皮、彼此隔膜，有利于各民族的沟通、融合；第三，由于行政管理的协调一致，对于兴修水利、整治道路、发展蚕桑、兴办实业等带来诸多便利，从而促进了新疆地区生产的发展，使新疆"数年以来，荒芜渐辟，户口日增"（《刘襄勤公奏稿》卷十）。

总之，新疆建省对巩固多民族国家的大业是具有重大意义的关键一步。刘锦棠在建省过程中的作用及建省后对新疆经济复苏和发展的贡献是不可磨灭的。

清代的满蒙联姻

赵云田

清代的满蒙联姻，指的是满洲贵族和居住在内外蒙古、青海等地区的蒙古王公之间长时间、多层次、大规模的通婚活动。它包含两方面的内容：一是清朝统治者从蒙古王公家族中选择后妃，使很多蒙古族女子离开草原，走进清朝宫廷和王府；二是清朝统治者从蒙古王公中选择额驸（额驸是清代对满洲贵族包括皇室女夫婿的专称），从而使满洲贵族包括皇室之女离开宫廷，步入草原。

一、满蒙联姻的三个历史时期

清代的满蒙联姻大体上可分三个历史时期，即入关前的太祖、太宗时期，入关后从顺治朝到乾隆朝中后期，乾隆朝中后期到清末。这三个阶段清朝统治者所面临的主要政治任务不同，在联姻的目的、做法及效果上也不尽相同。

第一阶段，太祖努尔哈赤和太宗皇太极时期。这一时期清政权尚在关外，最大的政治任务是积蓄力量，进据中原，夺取明朝政权。为此，就必须处理好同蒙古的关系，才能解除后顾之忧和道梗之患。特别是怎样利用蒙古这一马上民族，使其成为进逼中原的借助力量，更是满洲贵族朝夕所虑。

满洲贵族和蒙古王公最初的通婚活动始于努尔哈赤。内蒙古喀尔喀部的恩格得力台吉最早归顺努尔哈赤，成为满洲贵族的第一个额驸。在恩格得力联系下，明万历四十年（1612）春正月，科尔沁贝勒明安将次女许配给努尔哈赤为妻。四十三年（1615）春正月，科尔沁部空戈落贝勒也送女与努尔哈赤为妃。这期间，努尔哈赤的四个儿子也先后娶了蒙古族女子为妻。努尔哈赤则先后把满洲贵族的六个公主嫁给了归顺的蒙古王公。皇太极掌握后金政权后，重申努尔哈赤"重以婚姻"的政策，重点加强与内蒙古科尔沁部的联姻，使由历史上沿袭下来的"以壤地相接，结为婚姻"（乾隆朝内府抄本《理藩院则例》"录勋清吏司上"）的活动变得更加牢固。皇太极有三位后妃就来自科尔沁部，他的兄弟子侄也娶了五位科尔沁部蒙古女子。另一方面，这一阶段满洲贵族之女下嫁到科尔沁部的也比较多，其中皇太极的亲生女就有两位。皇太极还特别注意选择对蒙古各部有影响的人物做额驸，比如他将次女嫁给林丹汗的儿子额哲。对于蒙古其他部落，皇太极则将联姻与各部对后金的归附结合起来考虑。比如敖汉部、喀喇沁部、苏尼特部归顺较早，皇太极便把皇室女和满洲大臣女嫁给这些部的王公。

第二阶段，从顺治朝初年到乾隆朝中后期。这一时期，满洲贵族在蒙古王公和汉族地主阶级的支持下，已经进据中原，逐渐建立了全国范围内的封建统治秩序。清朝统治者所面临的主要任务是巩固封建大一统的局面，并把这种局面延续下去。在清朝最高统治者看来，西北蒙古藩部地区对统治中原内地很重要，怎样处理好与蒙古各部的关系，对巩固清朝在全国的封建统治有着重要作用。另外，清朝统治者也念及内蒙古各部王公"从龙入关"的历史功绩，为了进一步联络蒙古王公的感情，稳定蒙古各部的封建统治秩序，满洲贵族不仅继续从内蒙古各部选择额驸，而且逐渐扩及外蒙古和青海蒙古。

第三时期，从乾隆朝中后期到清末。清政府经过康雍乾三朝对西北地区用兵，以及各方面采取一定措施之后，在蒙古地区的统治已比较稳定，蒙古王公的作用较以前降低，满蒙联姻也随之减弱。嘉庆朝，只有嘉庆六年（1801）嘉庆帝三女庄敬和硕公主、四女庄静固伦公主嫁到内蒙古科尔沁部、土默特部。从道光朝初年起，满洲贵族决定，以后选择额驸只限于内蒙古科尔沁、巴林、喀喇沁、奈曼、翁牛特、土默特、敖汉等七部十三旗的范围，外蒙古、青海蒙古和内蒙古的其他部，都被排除在外。

二、满蒙联姻的主要特点

清代满蒙联姻的主要特点，表现在三个方面：一是清初最盛，中期以后，逐世递减。这从清朝皇帝娶蒙古王公女为后妃的情况可以看出。

据史籍统计，清代蒙古族后妃，努尔哈赤二人，均出自内蒙古科尔沁部；皇太极七人，分别出自内蒙古科尔沁部、阿巴亥部、扎鲁特部、察哈尔部；顺治帝六人，出自内蒙古科尔沁部、浩齐特部、阿巴亥部；康熙帝二人，乾隆帝一人，均出自内蒙古科尔沁部。自乾隆朝以后，道光帝一人，同治帝二人，均为八旗蒙古之女，没有一个来自外藩蒙古。

二是满蒙联姻虽日益减弱，但贯彻清朝始终。比如道光朝以后备指额驸（将内蒙古十三旗中可以入选额驸的王公上报宗人府，由皇帝从中指定额驸）的规定，标志了满蒙联姻关系的缩小，却没有取消满蒙联姻，因为"北不断亲"终究是清政府的一项基本国策。嘉庆帝曾说："我朝开国以来，蒙古隶我臣仆，重以婚姻，联为一体。"(《清仁宗实录》卷八十八，嘉庆六年十月丙午) 满洲贵族选定内蒙古七部十三旗为备指额驸的范围，是因为这七部都属于内蒙古东四盟，从地理位置上看，它们处于内蒙古的南半部，已形成一个半弧形，和盛京（今沈阳）、直隶界紧紧相邻；从归附清朝的时间上说，这七部也都是在努尔哈赤和皇太极时期投归的，和清政权一直保持密切关系；从满蒙联姻的程度上讲，这七部也比其他部更深广。乾隆帝曾在科尔沁境内赋诗"塞牧虽称远，姻盟向最亲"(《蒙古游牧记》卷一)，反映的正是这种情况。

三是满蒙联姻有各种制度做保证。努尔哈赤时期只是要求满洲贵族女不得凌侮其夫。顺治五年（1648），清政府规定了蒙古额驸的随丁数额；十年（1653），又规定了额驸朝觐骑从数额。康熙元年（1662），规定额驸后代可以预先授予品级；六十一年（1722），规定额驸骑从和给俸的数额。雍正元年（1723），规定了下嫁公主留京居住的时间。乾隆十七年（1752），对不同爵级额驸后代的待遇做了规定。道光朝以后，对备指额驸的选择标准、拣选引见、恭候钦指等更是有一整套完整的制度。这一切，无疑加深了蒙古额驸对满洲贵族的感情，从而使他们更好地为清政府效力。

三、满蒙联姻的历史作用

恩格斯曾说：对于最有权势的王公，"娶妻乃是一种政治行为，乃是一种藉新的联姻以增进自己势力的机会，起决定作用的是朝廷的利益"(《家庭、私有制和国家的起源》，《马克思恩格斯全集》第19卷)。这使我们透过满蒙联姻温情脉脉的现象，看到了问题的本质，即满蒙联姻是清统治者为了维护其边疆稳定而实施的政治手段。

清代的满蒙联姻，在清朝发展史上占有重要地位，产生过重要影响。它不仅巩固了满洲贵族和蒙古王公在政治上的联盟，进一步稳定了清朝封建统治秩序，而且在一定程度上直接促成了满蒙两个民族的融合，加强了清朝中央政府和边远地区蒙古王公之间的联系，以及政治、经济、文化等方面的交流，具有一定的积极意义。

雍正朝的"改土归流"

罗冬阳

雍正年间（1723—1735）推行的大规模"改土归流"，是西南地区政治与社会制度的一次重大变革。所谓"改土归流"是指改世袭制的土司为任期制的流官。

西南崇山万壑，远离中原，交通不便，自古为多民族聚居地，经济文化发展较晚。随着历代地缘政治、经济和文化的发展变迁，西南地区与中原交往日趋密切，逐渐走向融合。蒙古宪宗二年（1252），为实现包围灭宋战略，蒙哥汗令忽必烈率军平定大理段氏政权，将西南纳入版图，大量委任当地各部族首领充当各级地方政权的世袭官吏，史称"土官"或"土司"。在元朝，这种"以土官治土民"的制度，曾经较有效地起过维护西南稳定和王朝统一的作用。明朝踵袭元制，并制定了一系列规章，加以完善。

但土司实质上是分封制的残余，有浓厚的地方割据性，大者辖地百里、数百里，名义上受朝廷敕命，实则为一方土皇帝，或恃强凌弱，或争袭互斗，更有甚者，一旦不满朝廷征调，即兵戎相向。因此，对于那些犯上作乱的土司，明朝不得不改弦易辙，采取必要的措施。永乐十一年（1413），明朝平定贵州思州、思南两宣慰司叛乱后，废两司，在所属的 39 个长官司改置 8 府，设贵州布政使司（俗称省）统辖，派遣流官治理。这一举措开启了改土归流的先例。此后，改土归流虽时有举行，但囿于明廷"德化""羁縻"观念等原因，未大规模展开，有的地区甚至废流复土。

进入清朝，地缘政治、统治理念和西南及全国的社会经济状况都发生了许多变化。

明末清初，卫拉特蒙古势力大兴。尤其是康熙五十五年（1716）冬，准噶尔部军队袭杀拉藏汗，占西藏，势力波及云南的理塘、巴塘及中甸一带，对清朝在北部及西南的统治构成威胁。在五十九年的安藏之役（清政府为驱逐准噶尔而二次进兵西藏）及雍正二年（1724）平定青海罗布藏丹津（青海和硕特部首领。康熙六十年随清军入藏击退准噶尔。雍正元年阴谋割据青海，被清军击败）叛乱中，中甸和巴塘、里塘成为前沿供应基地和后勤保障线。因此，四川和云南成为清廷经营西藏的重要基地，具有重要战略意义。安藏之役后，巴塘、理塘划归四川，而原来管辖中甸的丽江土府被改为流官。从战略地理看，出现了土流交错的局面，不利于统一国家意志的贯彻。

康熙二十二年（1683）统一台湾后，重开海外贸易，清朝长期处于出超地位，白银源源流入，推高了铜钱与白银的比价，出现钱贵银贱现象，对百姓生活不利。于是开发西南的矿藏以增加铜钱供给便提上了议事日程。同时，清廷希望西南各省也因此能在一定程度上实现财政自给。

随着社会经济的发展，西南州县间土流官以及与内地的人员、物资的交流也日趋频繁，这为改土归流提供了社会基础。但交流的频繁，也引发了劫抢、掠卖人口等各种犯罪问题。商贸往来越多，土司就越贪婪，对土民的农奴制甚至奴隶制的剥削和压迫便愈加沉重，土民的反抗就愈多。有些土司甚至恣意劫杀商旅、绑掳人口，不仅造成土司间的冲突，也使得内地"册上有粮"百姓减少，损害了政府的直接经济利益。更有甚者，称兵作乱，挑战朝廷权威，严重危害地方社会安定。

鉴于形势的变化和土司制度的种种流弊和危害，康雍时期有识之士改土归流的呼声越来越高。如学者戴名世、贵州巡抚于准，从传统的德化王政观念出发，主张立学校、辟道路、通百艺，德威并布，百年之内次第而郡县其地。对于那些朝廷的降革制度无法有效惩治的暴虐土司，刘彬、蓝鼎元等人主张"可裁""削土"，凭依朝廷的威慑，在数年之间将其尽化为良善。

雍正初年，云贵督抚提镇等大吏，对积案多、突出影响地方安定的土司、"苗疆"（中国西南地区苗族等少数民族聚居的地方），或改设流官，或增设营汛（军队建制名称）。另外，贵州东南有一称作"古州八万"的"生苗"地区（现属贵州省黔东南苗族侗族自治州），物产丰饶、人口繁庶，横阻在都匀府与黎平府之间，人员通信往来皆须绕行。雍正二年（1724）底，云贵总督高其倬（zhuō）密奏其地虽较安定，但收留了很多犯罪逃入的汉人与苗民，且多甲弩，恐日久生事，建议预筹防范或招降。雍正帝嘱咐其勿图利喜功，慎重筹划。三年六月，威宁镇总兵署贵州巡抚石礼哈再次上奏其地情状，建议增兵置镇，若招抚不能令其归服，即用兵捣其巢穴，不过一二年，可以一举而定。雍正帝虽喜石礼哈勇敢任事，但忧其年轻孟浪，谕诫他："好大喜功之念，一点起不得。"值原任贵州永从知县杨永乾在引见时也奏古州八万事，雍正帝并发二折交高其倬，令其"详悉筹画完全"后复奏。十一月，高其倬复奏，建议缓图古州八万收入版图，先增兵设镇，将黎平、五开、铜鼓等地经理妥帖，再将里古州周边"生苗"招抚，然后对里古州"生苗"，"惟渐加化导，不骤断盐货，惟控扼形势，不竟示兵威，地方文武能就其情势，揆（kuí，推测揣度）合机宜。如此行之，虽不必有期效旦夕之心，然数年之间，臣可保其必渐有成功"。

但是不待高其倬复奏，雍正帝已将其调任浙闽总督，并特命江苏布政使鄂尔泰为云贵总督，主持西南改土归流。雍正帝之所以将高其倬调离，除了因其擅风水，需要他回京协助寻找万年吉地外，还因为高其倬出身进士，与雍正帝所忌的云南巡抚杨名时关系较密切，且做事"过于慎重、偏于慈善"。而鄂尔泰出身举人，擅诗文，与杨名时并无瓜葛，且无援附，行事为雍正帝所赏识。

雍正四年（1726），鄂尔泰抵任，奏准将四川所属东川府、乌蒙土府改隶云南，并将乌蒙改流。适逢贵州广顺长寨安设营汛遭仲苗武力抗拒，便发兵攻击，一月而定。随后又将云南镇沅土府、沾益土州等地改流。鄂尔泰进而奏请在滇黔推行大规模改土归流，并提出策略："计擒为上策，兵剿为下策；令自投献为上策，勒令投献为下策。"六年（1728），鄂尔泰又奉特旨兼管广西。湖广地区土司为大势震慑，纷请改流。到九年（1731）十月鄂尔泰内升大学士时，云、贵、桂、湘、鄂、川六省大量土司被撤销，改设流官。据不完全统计，到雍正十三年（1735），六省所属府县、长官司被改流者达 60 余个。此时，清廷将贵州广顺长寨及黔东南的"生苗"地区也纳入了直接统治。

雍正年间的大规模改土归流，是在西南地区由政府主导的一场重大政治与社会变革，有着积极的历史意义。经过这场变革后，清廷所追求的巩固边疆、安定西南、增加当地财政收入、发展社会经济的目标基本得到实现。其根本原因是大规模改土归流既符合历史前进的潮流，也符合当地绝大多数人的利益。土司视土民为农奴甚至奴隶，恣意虐使、赋役、刑杀、鬻卖，而土司间常常互相攻掠劫杀，朝廷法纪无法有效约束。改流后，土民成为朝廷编户齐民，人身获得自由，赋役负担大为减轻，若遭官府违法需索迫害，可以层层上告，直至诉诸朝廷；又有机会入义学、儒学。在湘黔苗民聚居地教育落后的地方，清廷还专设"苗童"名额，适当放宽入学条件。改流后土民获得前所未有的接受教育、参与科举考试成为有用之才的机会。同时，改流消除了土司间的攻掠劫杀，废除了土司的恶例陋规，律法统一，为西南经济贸易的发展，创造了有利的社会政治环境。清廷还大举兴修水利、道路，传播先进生产技术，开发经济资源，直接推动了当地经济发展。总的看来，改土归流是符合历史潮流的多赢之举。

但是，改土归流也有失误。雍正年间的改土归流包括两部分。一是在土司地区撤废土官，改设流官。二是苗疆开辟，也就是在贵州广顺长寨和黔东南"生苗"地区设官置镇，直接纳入版图，当时被看做"疆圉开拓"，故有"新疆"之称。鄂尔泰之能封为"世袭罔替"的"一等伯"，主要功在后者。在改土归流进程中，从雍正帝到鄂尔泰、张广泗等人都急于将"生苗"纳入直接统治，脱离了"生苗"的社会发展水平，加之"生苗"对清朝中央认同程度的滞后，而导致清廷对黔东南大动干戈，带来一些负面影响，成为该地区长期动乱的原因之一。这是历史留下的教训。

作者简介

罗冬阳，1964年生于湖南平江。东北师范大学明清史研究所教授、博士生导师。主要从事明清史研究。现主持《清史·传记》雍正朝、乾隆朝项目。撰有《明太祖礼法之治研究》《雍正帝改革》等论著。

清代北京和拉萨的"双忠祠"

吕文利

18 世纪前期的西藏，宗教势力、世俗领袖及与清廷之间的斗争十分激烈，尤其是夹杂着蒙古势力的时候，这种斗争显得更为复杂。在此期间，清廷一直在探索有效治理西藏的途径。乾隆年间，驻藏大臣傅清和拉布敦不惜以死诛杀藏王珠尔默特那木扎勒的悲壮之举，换来了清廷此后近二百年相沿不变的治藏模式。二人死后，清廷在北京和拉萨分别建有"双忠祠"，并派官员春秋致祭，体现了清廷对忠臣的表彰和最高礼遇。

早在康熙六十年（1721），清廷便决定改革西藏的行政体制，不再在西藏册封蒙古和硕特部汗王，废除第巴（达赖、班禅属下的执事官及地方官）职务，而代之以委任数名噶伦（藏语，意为发布命令的官员）共同处理政务。当时清廷任命的噶伦是抗击准噶尔军有功的康济鼐、阿尔布巴、隆布鼐等人，后又于雍正元年（1723），增加了颇罗鼐和扎尔鼐为噶伦。但这五名噶伦间早有矛盾，康济鼐、颇罗鼐同属后藏贵族，结成一派，阿尔布巴、隆布鼐是前藏人，再加上达赖喇嘛系统的扎尔鼐，结成另一派。新坐床的七世达赖喇嘛之父索南达杰，也与阿尔布巴等人串通一气，两派之间的斗争日益激烈。后阿尔布巴等人抢先下手，于雍正五年（1727）六月杀死了康济鼐，又发兵往后藏攻打颇罗鼐。颇罗鼐一面抗击阿尔布巴，一面奏报雍正帝。次年，颇罗鼐率兵攻入拉萨，擒阿尔布巴等人，但他没有对阿尔布巴等人擅作处治，而是请清廷官员决断。雍正六年（1728），清廷官员查郎阿等以叛逆罪处死了阿尔布巴、隆布鼐、扎尔鼐三人。这一事件史称"阿尔布巴事件"。阿尔布巴事件是西藏贵族间以及夹杂着达赖喇嘛在内的一场复杂的权力之争。颇罗鼐作为斗争的胜利者，在雍正六年到乾隆十二年（1728—1747），被清廷任命主持西藏事务，直到去世。在此期间，西藏政局平稳，颇罗鼐死后，其次子珠尔默特那木扎勒承其父荫，袭封郡王。

珠尔默特那木扎勒上台后，性情乖张，部属心中都窃自愤恨。同时，他还与达赖喇嘛不睦。清廷"恐日久众怨愈深，达赖喇嘛亦不能忍，致生事端"。为了稳定西藏局势，乾隆君臣多次商量如何掌控珠尔默特那木扎勒，先后商讨了多个方案，但无论是借助其兄珠尔默特策布登的力量剪除之，还是清廷以自己的兵力入藏弹压，都未能达成一致意见。

乾隆十五年（1750），珠尔默特那木扎勒在阿里杀害了其兄珠尔默特策布登，进一步恶化了西藏的政局。此时，因驻藏大臣纪山无能，清廷改派傅清、拉布敦担任驻藏大臣。据《皇朝藩部要略》记载，珠尔默特那木扎勒杀害其兄后还不罢休，继续率兵至后藏追杀珠尔默特策布登之子朋素克旺布及珠尔默特旺扎勒。驻藏大臣傅清和拉布敦看形势紧急，接连两次上奏。第一折说珠尔默特那木扎勒现在调兵，有谋为不轨之意，等他到达孜地方时即为擒拿，以"剪除此孽"，并奏不待请旨，即行伺机办理。第二折说珠尔默特那木扎勒将班第达家产抄没，其跳梁之状日益显著，仍欲照前奏办理，即相机行事，乘机剿杀。第一份奏折到京时已是十月八日，乾隆帝谕令傅清和拉布敦不要轻举妄动，并令军机处寄此折于四川，令策楞、岳钟琪阅看后，速派人至藏侦察。第二份奏折到京已是十月下旬，十月二十二日乾隆帝朱批："此事看来势不容已，自应擒获，明正其罪。"但是，十月十三日，因为形势危急，傅清和拉布敦没有等到皇帝的御旨，便袭杀了珠尔默特那木扎勒。

在乾隆帝圣旨到之前，傅清、拉布敦对珠尔默特那木扎勒谎称有圣旨到来，使其于十二日回拉萨接旨。十三日黎明，珠尔默特那木扎勒来到驻藏大臣办公之处，进门看见官兵还在睡觉，防范之心大减，便率领随从数人上楼，见到了傅清与拉布敦两位驻藏大臣，并递哈达于傅清。傅清令珠尔默特那木扎勒跪下听旨。见他刚一跪下，傅清便取出衣内所藏匕首刺向珠尔默特那木扎勒，由于紧张，一刺未中。珠尔默特那木扎勒惊慌逃窜，傅清上前以擒拿手"扼其臂"，拉布敦拔刀便砍，伤到了珠尔默特那木扎勒的左臂。这时，驻藏大臣随从举起木凳击向珠尔默特那木扎勒，使其当场丧命。珠尔默特那木扎勒之死是众人合力袭杀的结果。驻藏大臣遂宣布珠尔默特那木扎勒试图谋叛，已经伏诛，由班第达主持藏内事务。但是此时，珠尔默特那木扎勒的部下已经逃窜出去，并聚集数千兵丁，围攻驻藏大臣所居住的通司岗，施放枪火。官兵准备不足，寡不敌众，傅清、拉布敦二人知道断无生路，无奈之下，傅清自刎，拉布敦力战而亡。此役共阵亡2员千总，兵丁49名，另有77名家人商民死亡，所有官库币银俱被抢夺。后班第达率众平叛，于灰烬中拾捡到了傅清、拉布敦的遗骨。此役之惨烈，令人唏嘘不已。

珠尔默特那木扎勒事件发生后，乾隆帝深感傅清、拉布敦当时所处时势险恶，且于国家有功甚大，故降旨"特建双忠祠，合祀二人，春秋致祭，丕昭劝忠之典"，并御制双忠诗以纪之，有"双忠迹烈传斯篇，他年以待信史编"之句。北京的双忠祠建在崇文门内，拉萨的双忠祠建在通司岗（今拉萨八廓北街的冲赛康）。

因珠尔默特那木扎勒事件，清廷痛感西藏的体制存在很大缺陷，故于乾隆十六年（1751）制定了《酌定西藏善后章程》，共计十三条。主要内容是废除郡王制，设立三俗一僧四个噶伦，成立噶厦政府，规定噶伦只负责一般地方政务，必须赴噶厦公所会办事务，不得在家办公和任用私人，遇奏事等重大事务须报经达赖喇嘛、驻藏大臣办理；任命五名代本为卫藏的军事首领，由清廷颁给任命书；让达赖喇嘛参与政务，并享有对全藏财政的支配权和赋役征收权；提升驻藏大臣的地位，四名噶伦和五名代本遇有缺出，驻藏大臣商同达赖喇嘛拣选应放之人，请旨补放。这些措施是清廷对西藏的体制变革，体现了顺应时势的治藏策略。

《酌定西藏善后章程》是清廷关于西藏地区的最早行政立法文件，它的重要意义是废除了世俗藏王体制，便于清廷集权，考虑到西藏的现实及蒙古各部信仰的需要，提升了达赖喇嘛的地位，并加强了驻藏大臣对西藏事务的管理。

清廷经过近百年的摸索，以珠尔默特那木扎勒事件为契机，探索出了此后近二百年相沿不替的治藏道路，维护了西藏的稳定。

作者简介

吕文利，1980 年生，内蒙古赤峰人。历史学博士。中国社会科学院中国边疆史地研究中心助理研究员。主要著作有《历史书写与藩部政治：〈皇朝藩部要略〉研究》等，发表学术论文近二十篇。

清与南明战争中的台湾

王冬青

1644 年，明朝覆灭，清朝入关。不甘心失国的官员们扶持明朝宗亲，相继建立了福王、鲁王、唐王和桂王四个南明政权，与清朝征战长达 18 年，最后失败。南明的势力范围包括江南、福建等地。这样，孤悬海上的台湾，在南明政权与清朝的抗争中，无论是在地理位置，还是在经济上，都处于十分重要的地位，具有很重要的影响和作用。

一、经济上支撑郑成功抗清

顺治三年（1646），清军打到福建，郑芝龙降清。郑成功与其父分道扬镳，他用十年左右时间，不但成为郑氏集团的首领，而且成为南明在东南沿海抗击清军的统帅。郑成功全盛时，兵力发展到三四十万人。维持这样庞大的舟师人马，必须有大量的经费和作战物资。这一时期，盘踞在台湾的荷兰殖民者，间接支持了郑成功的抗清斗争。

荷兰在台湾的殖民活动，主要是进行海上贸易，将大陆的生丝、瓷器等商品，从这里转口到日本、巴达维亚（今印度尼西亚雅加达）、欧洲等地销售，或者将胡椒、香料等经此运往大陆，从中赚取可观的利润。在清朝与郑成功作战期间，台湾为郑成功一方提供军需和经费，支撑了郑军与清军继续作战。但是，荷兰殖民者又提防郑军以武力强取台湾。顺治十二年（1655），郑成功在与荷兰殖民者贸易往来时，对荷兰人劫掠商船的行径很是不满，便下令封锁台湾岛，禁止各国商船航行于大陆和台湾之间。为了减缓来自郑军的压力，荷兰人派员到广州和北京，同清朝商谈贸易和军事结盟之事。顺治十三年（1656），清朝承认了与荷方的朝贡关系，但只允许他们八年参加一次朝贡，来人不能过百，限其"不得于广东海上私自货卖"，这实际上基本否决了荷方对清朝的贸易要求。

荷方被迫于顺治十四年（1657）决定，再次与郑成功合作，并派遣谈判代表何斌前往厦门会见郑成功，商谈恢复对台贸易之事。何斌原是郑芝龙的旧将，后在荷兰殖民政府中担任通事（翻译）。谈判的结果是，荷方向郑成功保证，每年输送税饷5000两，箭10万支，硫磺1000担。于是，郑成功同意对台复航。

在谈判中，何斌暗中相助郑成功，使郑氏获取了在装货地对大陆与台湾之间的商船收税的特许权。何斌在台湾为郑氏代收出口的猎物税、鱼税、虾税、糖税及其货物税，总计约20多万两白银。这说明，当时强盛的郑氏集团，对台湾保持了强大的影响力，可以获取相应的战略物资，也迫使荷方对郑氏保持一定程度的顺服。

二、台湾成为南明抗清的根据地

顺治十六年（1659），郑成功北征南京遭到惨败，十年的经营化为灰烬。这导致南明与清朝对抗格局的根本改变，从而也影响到台湾在战争格局中的作用。郑成功实力大损后，连大本营金门、厦门也遭到清军进攻，因为感到"地蹙军孤"，于是筹划收复台湾，赶走荷兰殖民者，作为抗清的根据地。

郑成功这一战略转变曾遭到很多人的反对。他手下一些福建籍将领，或以台湾"风水不可，水土多病"为借口，或以荷兰殖民者"炮台厉害"为由，对渡海与强敌作战心存顾虑，想继续留在经济发达的大陆与清军周旋。南明鲁王监国的重要将领、兵部侍郎张煌言，也曾致信郑成功表示反对，认为进攻台湾是脱离了抗清前线，舍本逐末，称"自古未闻以辎重眷属置于外夷，而后经营中原者"。

郑成功的设想是，赶走荷兰殖民者，据有台湾后，可以连金、厦而抚诸岛，然后广通四海，训练兵卒，进可战而复中原，退可守而无后忧。顺治十八年（1661），郑成功收复台湾。历史证明，无论是从其抗清斗争，还是驱逐荷兰殖民者、决定台湾的历史走向等方面，郑成功都居功甚伟。

康熙元年（1662），郑成功因病去世，南明永历帝朱由榔也被清军绞杀，次年晋王李定国病逝，南明与清朝对抗局势发生剧变。不久，郑氏集团所据金门、厦门、铜山等地，在清军的大举进攻下纷纷失守。

康熙三年（1664），郑成功长子郑经率余众遁入台湾。一般意义上，南明小朝廷至此已经终结，但郑经仍沿用永历年号，供奉没有帝王的明朝，隔海与清朝对抗长达20年之久。

三、清朝对台的禁海迁界政策

军事进攻、禁海迁界、招抚诱降一直是清廷对郑氏集团的三策。军事进攻，使清军占据了金门、厦门，拔掉了郑氏在大陆的重要据点，迫使郑经完全败退到台湾。这期间约有10年，清朝和郑氏未发生直接的军事交锋。郑经无力反攻大陆，清廷也无力渡海作战。于是清廷开始实行严格的禁海迁界政策，并辅之以招抚之策，试图不用武力来解决郑氏集团在台湾的问题。

还在郑成功处于军事鼎盛的时候，弃郑降清的黄梧便在顺治十三年向清廷提出《平海五策》，建议用禁海迁界的办法，困死郑氏集团。最初的禁海令主要是针对郑成功的大陆地盘，但很快就影响到荷据台湾殖民者对大陆的经济收入，其来自大陆的织品、瓷器等锐减。郑成功克复台湾后，郑氏在金门、厦门的势力被逐出，禁海迁界在很大程度上割断了台湾与大陆的联系，台湾的物资供应受到很大影响，致使台湾到处呈现"井里萧条"的景象，社会经济陷于倒退。由于大陆方面的铁器、粮棉、布帛、手工业品等无法入台，加上军饷耗费过大，使以产米著称的台湾也米价腾贵，民不堪命，人心思变。

在军事打击和经济封锁的双重压力下，清朝的招抚政策收到了明显的效果，郑氏集团内部纷纷逃离。仅康熙元年到三年，投奔清朝的郑军官兵连同眷属，即约有十七八万。

四、郑氏集团的覆灭与台湾统一

平定"三藩之乱"后，清朝得以腾出手，对占据台湾的郑氏集团进行最后一击。

康熙二十二年（1683），康熙帝派遣水师大将施琅收复台湾。施琅在澎湖击败郑氏水师，迫使郑克塽（shuǎng）献土而降。对于台湾的弃留问题，清廷高层发生了激烈的争论。很多人主张放弃台湾，他们担心台湾地瘠民贫，派兵据守多达万人，徒靡军费。施琅坚决主留，并向康熙帝上疏，从台湾地理位置之重要、物产之富庶、弃台之弊端等方面，力陈必须坚守台湾。施琅尤其强调，如果荷兰殖民者再得台湾"数千里之膏腴，附其依泊，必倡合党伙，窃窥边场，逼近门庭，乃种祸后来。沿海诸省，断难晏然无虞"。他的深谋远虑，最终被康熙帝采纳。康熙二十三年（1684），清朝在台湾设立一府三县，隶属福建，最终完成了清朝对台湾的统一。

作者简介

王冬青，1969 年生，陕西西安人。中国科技大学人文学院教师，博士后。主要研究方向为明清军事史、对外关系史。发表论文有《李自成对清战略防御失误的思考》《郑成功与施琅交恶探析》等。

清代科尔沁草原的生态变迁

宝音朝克图

在清代，内蒙古有著名的几大草原，包括呼伦贝尔、科尔沁、锡林郭勒和乌兰察布草原等等，其中，科尔沁是成吉思汗之弟哈布图哈撒尔后裔的领地，又是清孝庄文皇后生长的故乡，为哲里木盟十旗的首辖。哲盟由西向南分别与昭乌达、卓索图盟接壤，统称东三盟。清初，科尔沁还是水清草美的茫茫草原，虽有零星的农业，但仍以畜牧业为主，牧人过着逐水草而居的游牧生活。经过清朝的数次土地开垦，草原植被遭到严重破坏，到清末，终于演变成一望无际的沙地。

为了分散蒙古的力量，维持安定的后方，皇太极早在天聪年间（1627—1635）就在蒙古地区编旗划界，实行封禁政策，禁止蒙古各旗越界游牧和相互往来，对蒙古族和汉族之间的交往防范更严，内地汉人到蒙古地区开垦种植亦在封禁之列。顺治十二年（1655），清政府又规定，内地农民"不得往口外开垦牧地"。但由于封禁政策始终没有得到有效执行，内蒙古草原一直处在禁中有垦、开垦范围日趋扩展的状态，严重影响和改变了草原生态。

就科尔沁草原来说，其土地开垦与草原生态变迁主要经历了三个阶段。

第一阶段是清初到乾隆五十六年（1791）的私垦时期。据

《东三省政略》记载,早在顺治朝就有内地流民到哲里木私垦,蒙古王公亦租典土地或招民开垦。清前期,随着内地人口日益增多和封建剥削的不断加重,清政府为缓和社会矛盾,采取半放任的态度,有些地方甚至鼓励移民开垦,以便解决军队和蒙民的粮食问题。康熙帝认为,此处"田地甚佳,百谷可种。如种谷多获,则兴安等处不能耕种之人,就近贸易贩籴,均有裨益,不须入边买内地粮米,而米价不至腾贵也"(《清圣祖实录》康熙三十七年十二月丁巳条),派专人"前往教养蒙古"。雍正时期也曾推行"借地养民"政策,令内地贫民到蒙古地区垦荒谋生,愿意迁徙者,免其田赋,蒙旗王公欢迎移民入住者,特许其吃租,必要时密令喜峰口、古北口、山海关等关口官兵,如遇贫民出关者,"不必拦阻,即时放出"(《清高宗实录》乾隆八年六月丁丑)。于是,哲里木等地移民人数和开垦面积急增。

乾隆初年,乾隆帝深感移民开垦蒙地,致使牧地狭窄,影响蒙民游牧,于是在乾隆十三年(1748),下达典地回赎令,实行严格的禁垦,并规定将招垦的札萨克王、贝勒、贝子、公、闲散王及失察之盟长处以罚俸、罚牲畜、革职等处分。但每遇荒年,乾隆帝即令酌开边门,使灾民可以出口谋生。这种渐次松弛或默认的态度,使清政府的禁垦政策并未得到有效贯彻,哲里木盟反而遭到了更大规模的开垦。据统计,此时郭尔罗斯前旗的流民达6000余人,由流民开垦定居的村落中科左中旗有74个,科左前旗有7个,科左后旗等处也出现了不少较大的农场。清政府因此设铁岭、开原等州县,分别管理开垦移民。经过开垦,哲里木等三盟地区形成纯农区,或"渐见牛羊牧,仍欣禾黍丰"的半农半牧区,当地部分蒙古牧民"渐罢游牧""专习农圃",由牧民向农民转变。

第二阶段是乾隆五十六年(1791)到光绪二十八年(1902)的奏准开垦时期。这一阶段哲盟地区开垦面积急剧扩大。随着流民人口的增多，为解决禁垦与私垦之间的矛盾，东北三省将军及蒙古王公便采取奏请朝廷允准开垦的做法。比如，嘉庆四年（1799）吉林将军奏准在郭尔罗斯前旗"借地安民"；到嘉庆十一年（1806），该旗流民增至7000余人，次年又查出3010户；十五年（1810）又新增流民6953户。到咸丰朝，该旗共开垦土地已达50万至60万垧。再如，道光二年（1822），清政府在科左中旗和前旗查出种地移民200余户，垦地2000余垧；三年（1823），又查出科左中旗招留移民255户，共垦地3184垧，科左前旗招留移民103户，耕种熟地1546垧；六年（1826），上述二旗又增加新招流民765户。鸦片战争后，由于内忧外患，清政府禁垦蒙地的政策较前放宽，哲里木盟的农垦速度随之加快，科左前旗和科左后旗的可垦土地在光绪二十八年以前已开垦殆尽。

第三阶段是光绪二十八年到宣统三年（1911）的官垦时期。由于边疆危机日益加重，在清末新政期间，清政府彻底废除了对蒙古的各项禁令。光绪二十八年起采取"移民实边"政策，放垦蒙地，筹饷练兵，巩固边疆。从此，蒙地开垦由私垦转向官垦。清政府令东三省将军、热河都统等督办东三盟垦务，掀起前所未有的开垦高峰。

在哲里木盟，郭尔罗斯后旗自光绪二十七年（1901）至三十四年（1908），先后放垦三次，共放63万余垧，到清末该旗共放垦土地90万余垧。扎赉特旗自光绪二十八年至宣统三年先后放垦两次，共放57万余垧；科尔沁右翼前旗自光绪二十九年（1903）至三十四年先后放垦三次，共放77万余垧；科尔沁右翼后旗自光绪三十年（1904）至宣统三年放垦两次，共放59万余垧；杜尔伯特旗自光绪三十年至三十四年放垦两次，共放38万余垧；科右中旗自光绪三十二年（1906）年至宣统三年一次放垦28万余垧；科左中旗自光绪三十四年至宣统三年放垦三次，共放

33 万余垧；郭尔罗斯前旗自光绪三十三年（1907）至宣统二年（1910）放垦两次，共放 30 万余垧。

经过以上三个阶段的土地开垦，哲里木盟科尔沁左翼前、中、后三旗牧场已开垦殆尽，其余各旗开垦面积也占土地总面积的 60% 以上，甚至超过 80%，尚未垦种者也多为山川、湖泊或墓地、村落、寺庙等设施所占土地。此时的科尔沁草原植被已遭到严重破坏，牧场可谓"残山剩水"，荒漠化现象日趋加重，不仅失去了昔日的草原风光，而且最终变为横跨清代哲里木、昭乌达二盟辖境的沙地。

科尔沁的土地开垦，虽然大大加快了三盟农业的发展，但也严重破坏了当地的生态系统，导致形成占据中国四大沙地之首的科尔沁沙地。以科尔沁的自然环境来说，东三盟境内北部为松嫩平原，中部为辽河平原，南部则多为河谷平原和山间谷地，属温带大陆性季风气候，适宜耕种或游牧。但是从草原地带的土质来说，多为黄土或疏松的沙质沉积物，地面植被覆盖层较薄，表层植被若遭破坏，下层沙质立刻活化，从而造成地表风蚀和水土流失的恶果。清代在对生态毫无保护的前提下，盲目进行开垦，加速了脆弱的生态急剧恶化。在开垦过程中，农区不断扩大，蒙古人民所占牧场大大缩小，草场单位载畜量相对加重，甚至超负荷，这也成为加速牧场沙化的一个客观原因。

作者简介

宝音朝克图，1962 年生，蒙古族，内蒙古科尔沁左翼后旗人。中国人民大学清史研究所副教授。主要从事清代边疆民族史的教学与科研。专著有《清代北部边疆卡伦研究》，发表相关学术论文 20 余篇。

清代北京的旗人住宅政策

唐　博

清代"八旗制度"以严密的组织形式，实现了旗人社会的兵民合一。旗人的一切生活待遇，都在八旗制度下获得，住房也不例外。

一、旗人住宅政策的出现

旗人住宅的出现，与八旗制度有着密不可分的关系。顺治入关后，八旗精锐集中驻守北京，朝廷为数十万进京的八旗兵民提供禄米、俸银、住宅、田产。经过"圈地"和对汉人的驱赶，清廷控制了北京内城和西北郊区的大片田宅，形成"满汉分城"的局面。据顺治年间八旗"定甲八万"的说法，按最低配额每人2间计，清初圈占内城房屋约为 16 万间。

除王公贵族入住明代勋戚留下的宅院外，其他人等按照官阶高低，确定相应的住房待遇标准，即"一品官给房二十间，二品官给房十五间，三品官给房十二间，四品官给房十间，五品官给房七间，六品、七品官给房四间，八品官给房三间，拨什库（领催）摆牙喇（护军）披甲给房二间"。所有旗民一律按照八旗驻防方位在内城分区居住，即"镶黄，安定门内；正黄，德胜门内；正白，东直门内；镶白，朝阳门内；正红，西直门内；镶红，阜成门内；正蓝，崇文门内；镶蓝，宣武门内。星罗棋布，不杂厕也"。郊区圆明园等皇家园林周边，还建有大量旗营房，供健锐营、圆明园护军营、火器营（合称"外三营"）兵民居住，兼有护卫皇家园林的功能。外火器营住房一律青砖盖瓦，平房朝阳，方砖铺地，院墙以西山特产虎皮石砌成，都有前大后小的院子。护军营在内城分方位驻扎，房屋有四合院式，也有三合房或排房。

旗人住宅大多为官方筹资兴建，由以四大厂商（兴、隆、广、丰）为代表的京城木厂承建。到17世纪末，迁入内城的旗人增多，旗人家庭人口膨胀，原有住房已不敷分配。康熙三十五年（1696），清廷特"于城之外，按各旗方位，每旗各造屋二千间"，总共造房1.6万间。不过，据《八旗营房租户应守规则》规定："每年如有修理之处，应归该租户自行办理，本部概不发款协济。"官方不负责维护和保养。

综上所述，清代的旗人住宅政策，是从八旗驻防京城的军事需要出发，在特定群体内无偿分配国有住宅的住房保障政策，是17—18世纪解决旗人生计的主要途径之一。

二、旗人住宅的性质及其私有化

旗人住宅的房源来自官方，由国家通过左右翼统领衙门统一调拨，无偿分配给旗人兵民。国家拥有产权，旗人只有居住权，既不能随意处置旗人住宅，也不能购买外城汉人的私宅。顺治七年（1650），清廷颁布法令："民间土地房屋，禁止满洲置买。"顺治十八年（1661），清廷颁令强调，如有旗人购买民间私宅，所买房屋"尽行入官"，"买者卖者，一并治罪"。《大清会典》

还明文规定："凡旗地，禁其私典私卖者，犯令则入官。"即禁止"旗民交产"或"越旗交产"。显然，旗人住宅体制并非单纯的社会福利，而是从制度上将旗人禁锢在旗籍，世代当兵，使其所居住的房屋与清代北京城区原始的房地产市场脱钩。在八旗兵民看来，私有财产无外乎弓弩、甲胄、奴婢、牲口等，他们尚未意识到土地以及住房背后蕴藏的巨大财富。因此，这种国家分配模式在清初尚行得通。此外，清廷以征收契税的方式，承认外城居民的住房私有权，允其自由交易。这样，在北京的内城和外城，就形成了住宅国有、私有并存，旗人保障、汉人不保障的双重模式。在住房制度上，清廷采取的是"以汉治汉，以旗治旗"的政策。

然而，旗人住宅的私有化不可避免。清初以来的社会现实促使了旗人住宅私有化进程的起步。其一，入关以后，旗人逐渐将住宅、田产纳入"私产"观念的范畴。其二，长期的和平生活，导致少数旗人飞黄腾达，多数旗人缺乏立功得赏的机会，贫富差距日益悬殊，加之不少旗人没有一技之长，只能坐吃俸禄，一旦家道中落、遭遇天灾或子孙分家，难免陷于破产境地，不得不私自出卖出典田宅，以求果腹。其三，盛世滋生人丁，官府房源有限，势必造成住房紧张。此外，由于旗人住宅为国有财产，国家拥有最终处置权，因此在清初兴建和扩建勋戚宅邸的时候，不可避免地要征用或拆毁周围的一批普通旗人的住宅。连康熙帝都不得不承认，"汉军旗人住关厢者甚多，向以为禁，似乎不当。今皆令其内城居住，则汉军富者一人得住数家之房，将使满洲贫者不得住房。此事应著再议，尔等另拟票签来看"，"八旗大臣、庶官、富家，每造房舍，辄兼数十贫人之产"。旗人住宅的强弱兼并，导致众多无房旗人的出现。这也是推动旗人住宅私有化的重要因素。

在旗人住宅短缺，无房旗人日增，国家无力分配的情况下，康熙二十年（1681）八月，朝廷不得不允许"汉军有职无职人员愿在关厢居住者，听其居住；满洲、蒙古内年老有意休致官员，愿在关厢居住者，亦听其居住"。这实际上结束了满汉分城居住的制度禁锢，客观上默认了旗人购置外城和城郊汉民住宅的合法性。另外，由于旗人日趋贫困化，白契（交易双方私相授受而未经官府税契的文书）买卖和旗人住宅典卖，已经越发成为朝廷必须正视的普遍现象。康熙九年（1670），朝廷做出政策调整："官员、甲兵地亩，不许越旗交易；其甲兵本身种地，不许全卖。"这从制度上打开了旗人住宅合法交易的缺口，变相承认了旗人对其田宅的部分所有权。雍正元年（1723），朝廷颁布"八旗田宅税契令"，在继续禁止"旗民交产"的前提下，承认旗内住宅交易的合法性，"凡旗人典卖房地，令其左右两翼收税监督处，领取印契，该旗行文户部注册。凡实买实卖者，照民间例收税，典者免之"，交易税率为房产交易价格的3%。税契是清代居民拥有房地产所有权，并得到官方承认和保护的法律凭证，也是住宅买卖合法化的主要标志。因此，旗人对其住宅的实质私有化，开始得到官府的合法性认可。

三、"旗民交产"——旗人住宅政策的消亡

"旗民交产"，即旗人与汉人相互交易住宅所有权。18 至 19 世纪，旗人生计开销逐渐成为清廷挥之不去的财政包袱。直至道光五年（1825），朝廷出台"准许旗人自谋生计"政策，不仅促成了对百万旗人在户籍和人身自由的制度性松绑，而且为"旗民交产"的逐步合法化创造了历史性机遇。

深重的民族危机和财政危机，令咸丰以后的清廷陷入困境。

旗人与汉人以白契进行私下交易的案例日益增多，朝廷无力遏制，只能退而求其次，承认"旗民交产"的合法性，从旗人住宅交易中收取契税，补贴财政收入。咸丰二年（1852），发布上谕，"嗣后坐落顺天、直隶等处旗地，无论老圈自置，亦无论京旗屯居及何项民人，具准互相买卖，照例税契升科。其从前已卖之田，业主售主，均免治罪"。其后几经争议，至光绪三十三年（1907），清廷重申咸丰二年准许"旗民交产"政策有效。至此，旗人住宅实现了真正的所有权私有化和市场化。民国初年的《清室优待条件》尽管愿意接管清廷遗留的八旗生计难题，但回避了旗人的住房供应问题。出售给私人的旗人住宅，彻底丧失了其原有性质。旗人住宅的概念逐渐淡出了历史。

旗人住宅的私有化及其衰亡，给北京城带来的最大变化，就是内城、外城隔绝状态的解除。出于改善生活的考虑，大批汉民进入内城，购置旗人住宅定居；出于为稻粱谋的考虑，不少旗人放弃内城的老宅，到外城购置或租赁住房，过起紧张、朴素、贫困的生活。内外城界限的消失，满汉居民杂居局面的形成，有助于改善北京城市经济发展结构和拓展城市发展空间。旗人住宅的兴衰，在某种程度上对北京的城市建设和发展，产生了深刻影响。

作者简介

唐博，男，1981年生于河南郑州。历史学博士。国务院台湾事务办公室秘书局干部。主要研究清前期政治史和清末民国北京城市住房问题，在近代黄河灾害史和甲午战争史研究领域也有一定成果。出版专著3部，发表学术论文、译文数十篇。

鸦片战争前后官民关系的变化

姜　涛

一、"官、民、夷"关系论的提出

中国传统社会，将民分为士农工商四个阶层，所谓官民关系即官府与四民的关系。到了晚清，开始提出"官、民、夷"，即清朝官府、中国老百姓以及外夷（洋人）三者关系。而最早提出这一命题的，乃是清朝官方。以钦差大臣身份前往广东办理"夷务"的满族重臣耆英，即曾多次表明清朝官府超然于民、夷之上、折冲于两者之间的姿态。如其在 1843 年 6 月间的奏折中即指出：

"从前粤中习俗，既资番舶为衣食之源，又以夷人为侮弄之具。该夷敢怒而不敢言，饮恨于心，已非一日。近日夷情，不能再如从前之受侮，设有一言不合，即彼此欲得而甘心。……民夷两相疑惧，倘办理稍有未协，必致重启事端。"［《筹办夷务始末》（道光朝）卷六十六，第 40—41 页］

相似的认知，也一再出现于皇帝的谕旨和地方大吏的奏报之中。当然，这仍是沿袭了当局此前在处理一般的民夷（汉民与其他少数民族）事件时的故伎。只不过他们此时所要打交道的外夷，是挟坚船利炮而来的西方资本主义强国，而不再是那些虽在大清版图之内却被视为"化外"的少数民族了。

清朝官方的这一认知，后来被马克思主义史学家胡绳巧妙地用以阐明帝国主义侵略者、中国的反动统治阶级和中国人民大众三者之间的关系。他在《帝国主义与中国政治》一书中不仅设专节讲"官、民、夷"，且将他的这一思想贯穿于全书始终。历史研究，就是要弄清楚作为社会的人的各种相互关系、相互联系，因而有必要重新审视官、民、夷在鸦片战争前后的互动及其发展变化。

二、粤东民谣中的官、民、夷关系

鸦片战争前后，外国侵略势力还远未深入中国的内部。《南京条约》等一系列不平等条约的签订乃至五口的开放通商，也并未随即带来中国社会经济结构的重大变化。

中国的传统王朝均有其兴盛衰亡的发展周期，清王朝也未能逃脱这一规律。早在乾隆末年，日中则昃（zè，太阳偏西）的清王朝即已开始了由盛而衰的转变。鸦片战争，进一步恶化了中国的官民关系，助长了民众对于官府的敌视反抗心理，从而催发了全国规模大动乱的到来。

清人夏燮（xiè）早在太平天国运动方兴未艾之时即已认识到它与鸦片战争的这种因果关系。他在《粤氛纪闻》的开篇即指出，所谓"粤西之祸"也即1850年太平天国起义的爆发，"实胚胎于"1840年的鸦片战争。而论者"徒见其弃疾于粤西，而不知其阶乱之在粤东也"。他为此进一步阐述道：

"方琦相（指琦善）之羁縻义律也，粤东之民谣曰：'百姓怕官，官怕洋鬼。'迨三元里之役，粤民起而创之，遂兴团练之局。未几闻抚事定，积不能平，遂有次年揭帖之变。而大府亟出示安抚之，又从而谢止夷人之入城者（语详《中西纪事》中）。于是粤东之民又谣曰：'官怕洋鬼，洋鬼怕百姓。'夫至于能怕其官之所怕，则粤东之民浸浸乎玩大府于股掌间矣。"（夏燮：《粤氛纪闻》，《中国近代史资料丛刊续编·太平天国》第四册，广西师范大学出版社2004年版，第120页。）

这一段为很多治近代史的学人所熟知的文字，仅用几句通俗易懂的民谣，即深刻揭示了鸦片战争前后官、民、夷三者关系格局的演变，尤其是官民关系的微妙变化。我们不妨循着这几句民谣所揭示的逻辑思路，探究其发展演变的脉络。

（一）"百姓怕官"

官府之高踞于民众之上，"百姓怕官"，乃是鸦片战争前中国社会官民关系的常态。

传统的伦常有所谓"三纲五常"之说，即"君为臣纲、父为子纲、夫为妻纲"的三纲以及"仁、义、礼、智、信"的五常。"三纲五常"是构建等级森严的中国传统社会的基本法则。对处于中国社会底层的广大民众来说，这些纲常法则乃至其他种种信条，无疑是加诸自己身上的绳索。正如毛泽东同志所总结的：

"中国的男子，普遍要受三种有系统的权力的支配，即：（一）由一国、一省、一县以至一乡的国家系统（政权）；（二）由宗祠、支祠以至家长的家族系统（族权）；（三）由阎罗天子、城隍庙王以至土地菩萨的阴间系统以及由玉皇上帝以至各种神怪的神仙系统——总称之为鬼神系统（神权）。至于女子，除受上述三种权力的支配以外，还受男子的支配（夫权）。这四种权力——政权、族权、神权、夫权，代表了全部封建宗法的思想和制度，是束缚中国人民特别是农民的四条极大的绳索。"（毛泽东：

《湖南农民运动考察报告》，《毛泽东选集》1991 年版第 1 卷，第 31 页）

正因有了这四条极大绳索，尤其是政权系统的束缚，鸦片战争前的中国社会，虽曾有过台湾天地会以及川楚白莲教的局部造反，但在总体上还是相对稳定的。

台湾天地会造反的旗号是"剿除贪污，拯救万民"，很有声势，然则偏于海岛一隅；川楚白莲教的起义，更以"官逼民反"为号召，但也主要在川楚等省的边远山区，且完全是清政府打击所谓"邪教"扩大化所致。嘉庆帝于痛定思痛后汲取教训，后来在处理类似事件时即郑重申明："但诛叛匪，不诛邪教。……其平日虽系习教，而此次并不谋逆，亦不深究。"（《清仁宗实录》卷二八二，嘉庆十九年正月丙寅）

在清政府的严酷镇压下，鸦片战争前夕的底层社会，无论是天地会还是白莲教，或是以其他名目出现的会党教门，都已不可能发动和组织起有效的对抗。

（二）"官怕洋鬼"

断断续续打了两年多的鸦片战争，以清王朝的失败和签订屈辱的和约而告结束。清朝官府赖以镇压百姓，也即"内战内行"的正规官军，在战争中充分暴露出了"外战外行"的纸老虎面目。

后世有的研究者根据清朝统治集团内部或战或和或死或降的种种不同表现，将其划分为抵抗派、投降派等不同的派别。比如其中的一种划分是：以林则徐为代表的抵抗派、以琦善为代表的投降派以及介于二者之间的道光帝。这样的划分对于了解清朝统治集团内部的斗争，了解鸦片战争之打打停停、停停打打的曲折进程当然很有助益，但实际情况是复杂的。比如，主战与主和两者之间并没有截然的界限。一些高调主战者临阵脱逃并不乏其例，而一些竭力主和者也并非没有组织过认真的抵抗。在分析统治集团内部的所谓路线方针之争时，不能忽略对军力对比、作战方式等其他决定战争胜败因素的分析。而问题的实质是：清政府的战场指挥者虽有慷慨赴死或临阵脱逃的种种不同表现，但清朝军队在这场战争中从未打过一次真正的胜仗——哪怕是勉强可以称作"惨胜"的胜仗。一个对外部世界毫无了解的政府，一支从不知近代战争为何物的军队，在这场战争中是根本无法取胜的，因而其最终结局只能是屈辱求和。在这一点上，百姓民谣的总结最为务实，也最为简括："官怕洋鬼"。官怎么能不怕洋鬼呢？因为他们根本就打不过洋鬼！

战争军力对比其实是总体实力之比、生产力发展水平之比。清王朝的闭关自守、虚骄自大、不思进取，乃至禁锢保守的"只惟上，不惟实"的思想文化，则是造成中国落后于世界发展潮流，从而在近代战争中败北的根本原因。

（三）"洋鬼怕百姓"

民谣中"洋鬼怕百姓"之说，主要是基于战后广州民众反对英人入城斗争的经验。那时英国用于对华作战的军队主力业已陆续撤离，而在战争中响应皇帝谕旨"自行团练乡勇"的中国沿海各处，尤其是广州城近郊的民众，却依然保持着一种有组织的准军事状态。正是在广州民众有组织的示威抗议下，英人才被迫接受了广州地方当局的劝告，一再推迟了入城的时间。

"洋鬼怕百姓"的说法，甚至可以追溯到战争之时。1841年5月三元里及其附近103乡民众英勇抗击英国侵略军的事迹已载入史册。英军在广州北郊的劫掠奸淫乃至三元里民众的奋起抗击都是不争的事实。但其中的一些细节，尤其是歼敌人数却被人为地一再放大了。这种宣传上的失实，于战争进程本身并无实质性的影响，但在战后官民关系的天平上，无疑是增添了民众一边的砝码。

远涉重洋作战的英国侵略军，在策略上也尽量避免直接与中国民众为敌。他们在所到之处张贴告示，一再声称对于和平居民并无恶意，只是在与清朝官兵作战。战争期间一个有趣的小插曲也为"洋鬼怕百姓"之说增添了佐证：海军司令伯麦继义律之后担任英国的全权代表，他在与义律由澳门前往香港的途中，因座船遇台风沉没而不得不爬上一个小岛。岛上的居民夺走了他们的衣物，并在其付款 3400 元之后，才用小船将他们送回澳门（参见茅海建《天朝的崩溃——鸦片战争再研究》，三联书店 1995 年版，第 292—293 页）。

但是，还有中国百姓，尤其是绅士阶层惧怕洋鬼的一面。英军所到之处，往往在汉奸的指引下，强令当地殷户"付给银两"。战区所涉各大城市，也有主动或被迫交付赎城费者，比如 1842 年夏季的长江下游沿岸城市纷纷给英军送去银钱、食物。其中仅扬州一地，即措集白银 50 万两和大量牛酒猪鸡，派人在江边等候，"头顶说帖，跪迎江干"（梁章钜：《浪迹丛谈》第 2 卷）。

无论是起团练抗争，还是以银两牛酒跪迎，主事者一般都是绅士之类地方上的头面人物。而清朝官方文献，有时也有意将绅士与普通民众相区别。如 1847 年 7 月道光帝有关广东"民夷"事件的一道上谕中即指出：

"又据称民夷不协，请令地方绅士于民夷交涉事件，随时襄办等语。该处民情，本与夷人未协。间有匪徒构煽，易滋衅端，夷人即藉口生事。地方绅士与民人较为亲切，开导劝谕，易于信从。著即责成该绅士纠合良民，互相保卫，于民夷冰炭、匪徒挑拨之处，设法排解，以杜争端。仍于绅士中择其品望素著、通达事体者，酌派数人于民夷交涉事件，随时襄办，以资得力。"（《清宣宗实录》卷四四二，道光二十七年五月己亥）

战争期间各地绅士带领下的百姓各行其是，实际上都是地方社会的自保行为。而其所作所为均已折射出地方社会对于凌驾于其上的清朝官府的不信任感。

三、"官与民，民与兵役，已同仇敌"

夏燮所引民谣，到"洋鬼怕百姓"即戛然而止。但他于此之后，又自己添上了一句很值得玩味的话："夫至于能怕其官之所怕，则粤东之民浸浸乎（渐渐地）玩大府于股掌间矣。"所谓"能怕其官之所怕"，意思是指能够使"官之所怕"者害怕。由此可见，老百姓已不再惧怕官府了。

这里说的还仅是广东一地的情形。其他地区又是如何呢？同为作战区域的江苏、浙江等省，战争期间，即已是"沿海州县，被其蹂躏，转徙流离，耕耘失业"。1843 年初，战争刚刚结束，时任两江总督的耆英就江苏民情涣散的现状极为忧虑地向皇帝汇报说："官与民，民与兵役，已同仇敌。……吏治日坏，民生日困，民皆疾视其长上。一朝有事，不独官民不能相顾，且将相防。困苦无告者，因而思乱。"

可见号称东南富庶之区的江苏亦复如是。而道光帝的批语是："所论一切情形，均非虚妄，朕翻阅再三，倍觉可叹可恨。"

其他兵火未及的内地省份，由于兵差力役等的盛行，情况也好不了多少。还在战争进行之中的 1842 年 4 月，湖广道监察御史吕贤基在其指陈时弊的奏折中即对地方官科敛无度的恶行痛加斥责：

"窃惟民为邦本，民心巩固，则众志成城。外寇断不足患。比年以来，地方官不能上体圣意，每于近海之区，藉防堵以派费；于征兵之境，借征调以索财。以及道路所经，辄以护送兵差供给夫马为名，科敛无度。近闻湖南、湖北、安徽等处，皆有加派勒捐之弊。又闻浙江、山东、直隶亦然。应请旨敕下各省督抚，申严禁止。"[《筹办夷务始末》（道光朝）卷四十五，第17页上]

而在此之前不久，1842年初湖北崇阳县突然爆发的抗粮事件，使清朝当局受到很大的震动。武昌、汉口等处纷纷戒严。官府用了一个多月的时间才将其镇压下去。这次抗粮事件的领袖人物钟人杰、汪敦族等人都是"富户"、秀才，起初只是反对地方官"暴敛横征"，后因官府的"剿灭"政策所逼，才发展成万余人的反清起义，"并非预谋造反，也没传习邪教，兴立会名"（参见邓文滨《醒睡录》初集卷六《平崇雅奏》条；并据钟人杰口供，见《中国近代史资料丛刊续编·太平天国（三）》，第309页，广西师范大学出版社，2004）。在此前后，广东、广西、云南、湖南、浙江、江苏、山东等地，都发生了相当规模的群众反抗斗争。

这说明，还在战争期间，官民之间的对立就已到了十分危险的地步。有研究者认为，中国传统社会不断爆发的周期性危机，其根源是土地兼并及由此引起的基本经济矛盾的尖锐化。实际情况是，土地在私人占有、自由买卖前提下的不断集中和分散乃是传统社会的常态。而乡村各阶级占有土地的状况，尽管会有局部的、短时的起伏与波动，而从整体上看，也依然是一种稳定的常态。借用清人的现成说法就是："田大半归富户，而民大半皆耕丁。"占有乡村大半土地的富户，同样属于"民"的范畴。清朝官府本身并没有上下其手兼并或倒卖土地，由此亦可见清代社会危机的爆发，并非因土地而起。

鸦片战争之后，官府将赔款的损失亦转嫁于广大民众，从而造成了官民关系的进一步对立。前引耆英有关"官与民，民与兵役，已同仇敌”的奏报中，即已列数了官吏任意勒折浮收的各种"催科之术"。而曾国藩后来在其著名的《备陈民间疾苦疏》中，更把"民间疾苦"归结为银价太昂，钱粮难纳；盗贼太众，良民难安；冤狱太多，民气难伸等三条。这三条都与吏治的腐败、民心的向背有关，几乎是直言不讳地道出了中小地主对清朝吏治的极端不信任感。

与此同时，天地会所张贴的《万大洪告示》中，更是痛心疾首地宣称："天下贪官，甚于强盗，衙门污吏，何异虎狼"，"富贵者纵恶不究，贫贱者有冤莫伸"，"民之财尽矣，民之苦极矣！我等仁人义士，触目伤心，能不将各府、州、县之贼官狼吏尽行除灭，救民于水火之中也！"

官民的极度对立和百姓不再惧怕官府的现实，终于导致了社会大动乱的总爆发。

作者简介

姜涛，男，1949 年生，江苏人。中国社会科学院近代史研究所研究员，博士生导师，国家清史编纂委员会委员。主要著作有《中国近代人口史》、《人口史话》、《人口与历史——中国传统人口结构研究》、《中国近代通史》第二卷：《近代中国的开端（1840—1864）》等。

惨绝人寰的突发灾难
——光绪三年天津粥厂大火纪实

李文海

光绪三年十二月初四日（1878 年 1 月 6 日），天津发生一场特大火灾，造成了生命财产的重大损失，引起了社会各界的巨大震动，也为人们提供了深刻的历史教训。

近两千灾民葬身火海

这天清晨，天津东门外一处地方，突然浓烟滚滚，火光烛天。这时正值寒冬腊月，凛冽的西北风呼啸狂掠，火趁风势，风送火威，顷刻间熊熊烈火，将一座大悲庵及旁边搭建的一百几十间席棚统统吞没在火海之中。

被灾的原来是专门收容饥民的一处粥厂，名为"保生粥厂"。所谓"粥厂"，是清代极其稀缺的社会救济机构中的一种。每到冬天，在一些城市中，由官府划拨或民间捐助，筹集粮款，收容流落街头无衣无食的灾黎和贫民，煮粥施赈。正如一些荒政书所说，一粥之微，虽然无异杯水车薪，但"得之尚能苟延残喘，不得则立时命丧沟壑"。光绪三年，正值清代历史上最严重的一次旱灾"丁戊奇荒"期间，由于山西、直隶等华北五省连年大旱，流入京津的灾民较往年要多得多。因此，直隶总督衙门特地把天津的粥厂增设至 12 处，总共收养灾民近六万人。这次发生大火灾的"保生粥厂"，就是专门收养妇女的粥厂之一，其中居住着妇女及少数幼童 2000 余人。

这次突发性灾难造成的严重后果，是触目惊心的。当时《申报》作了这样的报道：

"初四日凌晨，煮粥方熟，各棚人等正擎钵领粥，呷食未竟，西北角上烟雾迷空，瞬息透顶。……一时妇女蓬头赤脚，拖男带女，夺门而走。……于是人众哭声震天，以挤拥门前，求一生路。回顾西北各棚，已成灰烬。焦头烂额，死尸枕藉。门靠大悲庵，系在东南，逾刻火乘顺风，直逼门前，各人被烟迷目，人多跌倒，俯首听烧。然虽死在目前，而姐弟子母，仍互相依倚，有以额颅触母，有以身体庇子，其死事之惨，实难言状。""是日之火，起于辰（7—9 点），猛于巳（9—11 点），厂系簾席搭成，拉朽摧枯，至午前则该厂一百余棚，烧毁净尽。以后火尚不息，或炙人肉，或毁人骨，或熬人油，或烧棉衣棉裤，故至酉刻（17—19 点）仍有余焰。"（1878 年 1 月 25 日《申报》）

新闻报道开始说是"二千余众，尽付一炬"，"焚毙妇孺二千余名"，后来经过清点收殓，大体弄清约有三四百人获救，"所有尚具人形之老妪少妇孩童幼女，共收得尸一千另十九口"，此外还有"烧毁尸骨无存及四肢散失"者若干。罹难者惨不忍睹，"将近头门之处，尸约积至五尺高"，"尸均烧毁焦黑，其形残缺，俯伸不一。所完整者，大都皮绽骨枯，较常人缩小，上下衣裤毛发，一概无存"（1878 年 1 月 26 日《申报》）。我们把描写得最惨酷的部分文字略去，以减少读者在阅读时的感情刺激。即使这样，也足以使我们对这一场突发性灾难，带给人们何等难以言状的痛苦，有着刻骨铭心的深刻印象了。

惨剧是怎样酿成的

这场巨灾，事发突然，却并不偶然。在这个看似偶然的突发事件背后，其实隐藏着许多必然。酿成这样的惨剧，是由各种因素所促成的，是有深刻的社会根源的。

面对大量灾民和城市贫民的存在，封建统治者为了避免政治动荡，维护社会稳定，不能不采取一些救济措施，这当然是值得肯定的。但封建政权毕竟不是人民利益的代表者，他们不可能思虑周详地顾及贫苦群众的安危。因此，好事并不一定能办好，甚至可能引来一场灾祸。就拿"保生粥厂"的建筑来说，本来是借用大悲庵的房舍，后来灾民众多，不敷应用，便在旁边搭盖一片临时"蓬寮（péng liáo，草房）"。《申报》对此作了如下的描写：

"上系篾席盖成，外墙范以芦苇，里面彼疆此界，仍以篾席间之。计厂一所，内分百数十棚，南向六十余棚，北向数与相埒（liè，同等）。南北棚后，各留一通道，以为进出之地，计一人独步则宽，两人并行则隘。"（1878 年 1 月 25 日《申报》）

对于这样一种居住条件，有记者责问说："毫无纪律之难民妇孺反聚之六营之众，共为一棚，而棚又以芦席为之，其尚欲望其不烧也，有是理乎？"（1878 年 1 月 29 日《申报》）

谁都可以想到，如此地狭人稠，通道窄隘，四处全是席片芦苇，加之床板上垫的又是稻草，一旦发生火警，后果可想而知。可是，如此隐患四伏、危如累卵的生存环境，主事者既无任何预案，也不采取起码的防范措施。这不能不说是对于人生命的漠视，是封建官僚政治的本质表现。

粥厂的管理也十分混乱。火起时，竟然看不到一个委员、司事的身影，除了煮粥、分粥的工役以外，当时只有一个看门人在场。可是，当人们踉踉跄跄地挤到这扇唯一可以逃生的大门边时，这个看门人竟然做出了一个绝对无法饶恕的举动：坚决不让人逃出门外，而且"将门下钥"，用锁把门关死了。这一来，也就彻底切断了一部分本可以逃离火海的人的生路。

如果脱离历史环境，人们是很难想象这个看门人为什么会采取如此丧心病狂的做法的。原来，官府对待灾民，一直存在着严重的戒备心理，很怕灾民为争取最低生存条件而闹事。他们的信条是，"驭饥民如驭三军，号令要严明，规矩要划一"（汪志伊：《荒政辑要》）。在这样的指导方针下，粥厂灾民是不能随意出入的，出入有定时，或鸣锣为号，或击梆为记。看门人不让人逃出门外，大概就是根据这个规定。所以当时的报纸批评他是"守常而不达变"，就是说在这样的大灾面前，竟然仍按照平时规矩办事，从这个批评中就可以透露出上面所说的消息。当然，这个举动，不仅极其荒唐，而且可以说到了泯灭人性的程度，令人发指。

大火烧了一阵之后，分管粥厂的筹赈局会办、长芦盐运使如山，津海关道黎兆棠等终于赶到了现场，二人"睹二千余人死状之惨，泣下如雨"，"相与莫可如何而已"（1878年1月25日《申报》）。也就是说，除了伤心落泪之外，完全是一筹莫展。稍后，当时称作"火会"的消防队赶来救火，救出的三四百人大概就是他们的功劳。这时恰好有一只兵船经过，士兵用船上的"洋龙"救火，不料因为取水问题，"火会"与士兵发生冲突，相互"追奔逐北"，士兵"遗弃洋龙各器而逸"（同上）。这虽是一个小插曲，却十分典型地折射出那个社会所特有的时代特征。

灾后官方的应对之策

一方面确实感到事态严重，责任重大，一方面也是迫于社会舆论的压力，直隶总督兼北洋大臣李鸿章于事件发生后的第九天，向朝廷上了一个奏折，报告了这件事情。奏折虽然讲了"竟被烧伤毙多命，足见委员漫不经心，非寻常疏忽可比"，请求对直接责任人该厂委员吕伟章、丁廷煌"一并革职，永不叙用"，对包括自己在内的负领导责任人员像前面提到的如山、黎兆棠及天津道刘秉琳等"分别议处"。但又强调官员们"飞驰往救"，"救出食粥大小人口甚多，其伤毙者亦复不少，一时骤难确计"（《津郡粥厂起火事故分别参办并自请议处折》，见《李鸿章全集·奏议》）。显然使用的还是官场惯用的"弥缝搪塞"的故伎，用含糊的文字把灾难严重程度掩盖起来，以便大事化小，小事化了。朝廷迅速作出反应，立即发布谕旨，除责令李鸿章等妥善做好善后工作外，声色俱厉地指斥地方官员"平时漫不经心，临事又不力筹救护，致饥困余生，罹此惨祸，实堪痛恨"，要求对包括李鸿章在内的相关官员一律"交部议处"（《清德宗实录》卷六十四）。上谕的用语是颇堪玩味的。既没有对李鸿章的掩饰之词公开反驳，给他留了面子，又指出了并未"力筹救护"的事实，表明朝廷并不相信李鸿章称官员们"飞驰往救"谎言的欺蒙，维护了皇权的尊严，也间接地给了李鸿章一个警告。李鸿章的奏折和皇帝的上谕，有趣地反映了封建官场政治博弈的曲折和微妙，其中的微言大义，不加注意是很难察觉的。

这时的李鸿章，正是"内政外交，常以一身当其冲，国家倚为重轻"（《清史稿·李鸿章传》）的时候，是朝廷的"股肱之臣"，所以，所谓"交部议处"云云，只不过是应付社会舆论而做的表面文章，以后就再没有下文，不了了之了。李鸿章的官位依然稳如泰山，不仅如此，相传黎兆棠是慈禧太后的干女婿，在下旨"交部议处"后不久，就发布了升任直隶按察使的消息。所谓责任追究，就在惩处了两个厂务委员后偃旗息鼓了。

平心而论，灾难发生后，地方政府也确实做了一些善后工作。例如，组织慈善机构"泽济首局"收殓罹难者的尸体，盛于薄木棺内，加以掩埋。发动社会捐助，十余日内共募得银 39000 余两，洋银 120 元，津钱 16000 余吊，棉衣裤 34000 余件。对受害者给予抚恤，规定"当场烧死者每口恤银六两，烧后因伤而死者每口三两，伤重者二两，伤轻者一两，中分四等，由死者亲属及受伤本人报明给领"（1878 年 3 月 22 日《申报》）。这些做法，当然是救灾的题中应有之义，但毕竟是应该肯定的积极措施。

但是，也有一些做法，是未必恰当的。例如，"保生粥厂"大火后，为了害怕发生类似事件，竟全部关闭了天津的所有粥厂，饥民发给高粱一斗五升，统统遣散。这种因噎废食之举，立即引起了社会的强烈震动。原来藉粥厂勉强度日的数万饥民，再度流落街头，"鹄（hú，天鹅）面鸠形，目不忍睹"。不少人贫病交迫，冻饿而亡。又如，官府在抚恤受害者的同时，还大做佛事："（十二月）初八日延僧众放瑜伽焰口，并盖大棚于被灾处，诵经至二十一日。复请城隍神出城赦孤，都魁老会随驾。"（1878 年 2 月 11 日《申报》）这种今天看来似乎十分可笑的举措，固然包含着浓厚的迷信成分，但仅仅这样看问题还未免有点过于简单，其实其中还有相当的政治作秀的作用。目的在于告诉大家，官府对于罹难者是关心的，虽然未能保护生命于生前，还是要虔心地超度亡灵于死后。对于一个迷信盛行的社会，这种姿态无疑对他们是有益的。

本文承杜涛同志协助收集部分资料，特此感谢。

晚清中国与世界博览会

王晓秋

晚清中国参与世界博览会的历史，有个变化发展的过程。从私人参展到国家设馆，从洋人代理到高官出席，从海关包办到官商合作，反映了晚清中国走向世界和现代化起步的艰难历程。

世界博览会，晚清曾称"万国赛会"或"万国博览会"，第一届是 1851 年（咸丰元年）在英国伦敦举行的。当时英国正处于工业革命的鼎盛时期，维多利亚女王通过外交途径邀请各国参展，期间还进行展品评比和文艺表演，奠定了以后各国举办世博会的基本模式。在俗称"水晶宫博览会"的伦敦世博会上，共有各国 18000 多商人提供的近 10 万件展品参展，组委会为其中的 5084 位参展商颁奖。中国的展品第一次在世博会上亮相，但都是以中国商人和在华英国人以私人名义提供的。其中上海商人徐荣村的"荣记湖丝"荣获金银大奖。据 1884 年出版的《北岭徐氏宗谱》记载，徐荣村是广东香山人，道光中叶到上海经商，并充宝顺洋行买办。他经营丝茶出口贸易，重视质量信誉，"取材必精"，"一丝一茶，必居上品"。当他得知伦敦举办世博会的消息后，立即精选了 12 包"荣记湖丝"运往伦敦参展。起初因包装简陋遭到冷遇，但经数月展出，湖丝仍光彩夺目，终于荣获大奖，为国争光。评委会在《评审报告》中的评语是："在中国展区，上海荣记的丝绸样品充分显示了来自桑蚕原产国的丝绸的优异品质。"据《评审报告》记载，当时在中国的一些英国外交官、商人也提供了一些中国产品参展，如茶叶、棉花、药材、瓷器之类农产品和工艺品，但基本上没有工业品，这也反映了当时中国与欧美工业国家的差距。

1867年（同治六年）在法国巴黎举行的世博会，开始让各参展国建设自己独立的展馆。会上最引人注目的是英国的发动机、法国的炼钢炉和德国克虏伯大炮等工业产品。巴黎世博会上首次出现了中国人的身影，但他并不是参展官员或商人，而是刚好旅行到巴黎的中国文人王韬。他以游客身份参观了巴黎世博会，并写下了中国人最早记述世博会的游记。王韬在其《漫游随录》一书中描述巴黎世博会"物玩精奇""美不胜收"。他还听说有广东来的戏班在世博会场演出，"旗帜新鲜，冠服华丽"，受到观众喝彩。

中国第一次派代表参展是1873年（同治十二年）奥地利维也纳的世博会。这届世博会有30多个国家近7万家厂商参展。清政府应邀参展并委托海关总税务司英国人赫德全权负责有关事宜。赫德则指派粤海关副税务司英国人包腊为代表出席。海关从上海、天津、广州等14个城市征集了丝绸、茶叶、瓷器、中药等商品参展。

中国官员第一次正式出席世博会是1876年（光绪二年）美国为纪念独立100周年而举行的费城世博会。这次世博会有来自35个国家的3万种产品展出。以前中国出席世博会的代表都是海关的外国职员，而此次代表团里也有一位中国官员，即浙江海关文书李圭。他的游记《环游地球新录》卷一《美会纪略》，详细介绍了费城世博会的盛况与观感，赞扬其"基址之广阔，营构之奇崛，局变之恢宏，陈物之美备"，"志在联交谊，奖人才，广物产，并藉以通有无，是有益于国而不徒费"。李圭还记述中国馆占地8000平方尺，展品6801种，其中丝、茶、瓷器、绸货、景泰蓝等"在各国中推为第一"，铜器、漆器、银器、藤竹器"次之"。有华商10余人在会中值班，会上瓷器被抢购一空，而绸缎、古玩等因价格太贵，"购者较鲜"。茶叶"掺杂太多"、包装过大，蚕丝"做法不善、粗细相杂"，也不受欢迎。因此他认为，中国商品若不加改进，"上何以裕国，下何以利民"？李圭还描述了各国的展品，尤其是对美国的大型蒸汽机、抽水机、印刷机、打字机，英国的织布机，瑞士的钟表，德国的钢琴等，"皆赞叹不止"，并认为中国也应"仿而行之"。李圭还遇到正在美国留学的100多名中国幼童，他们在老师带领下参观费城世博会。美国第十八任总统格兰特还在费城接见了李圭和中国留学生。

1878年（光绪四年），世博会在法国巴黎举行。共有30多个国家展出产品5万多件，爱迪生发明的留声机和钨丝灯泡成了最大亮点。中国也是参展国之一，展馆以"中华会所"命名。最受欢迎的中国展品是广东绣屏和象牙折扇。世博会结束后，清政府把这幢中华会所作为礼物赠送给法国政府。当时清政府驻法国公使馆参赞黎庶昌也参观了巴黎世博会，并在《西洋杂志》一书中记述了世博会的全貌和盛况。

1900年（光绪二十六年），法国巴黎再次承办世博会，有40个国家参展，最受注目的是最新发明的电影机、无线电收发报机、千倍望远镜、X射线仪等新科技产品。这届世博会中国馆占地3300平方米，共有5座建筑分别模拟北京城墙、万里长城、孔庙等中国标志性建筑。中国提供的展品仍以瓷器、绸缎等工艺品和茶叶、小麦等农产品为主，另有工匠数十人每天为观众表演中国传统手工艺品的制作。

1904年（光绪三十年），美国举办了圣路易斯世博会，共有

60 个国家参展。清政府首次以官方名义派遣高级官员率商人组团参加，这标志着中国政府正式登上世博会舞台。参展团由贝子溥伦任正监督，并派副监督、候补道黄开甲先期赴美筹建中国馆。不过展品却仍以海关筹集的传统产品为主，更恶劣的是海关洋员竟把小脚女人、娼妓、乞丐、囚犯、鸦片烟鬼的塑像也作为展品陈列，故意展示中国的落后面。对此，国人无不视为国耻。《东方杂志》刊文抨击："此次出品名曰陈赛，实无异于献丑也。"中国展品中还有一幅由美国女画家卡尔所绘的巨幅慈禧太后油画像，会后作为礼品送给美国政府。当时美国总统西奥多·罗斯福专门在华盛顿白宫举行盛大典礼接收这幅画像。

1905 年（光绪三十一年）世博会在比利时列日举行，共有 31 国参展。中国也是参展国之一，并实现了官商合作参展的尝试。清政府任命当时驻比公使杨兆鋆为参会钦差大臣兼监督，同时仍委托海关总税务司赫德负责赴会具体事宜。中国馆是一幢典型的中式建筑，包括国亭 1 座、会所 2 间、市房 14 间。展品分官方与私人两类，官方展品仍由各地海关筹集，多数仍是传统农副产品和工艺品。商人参展不够踊跃，虽各省"出示招商"，但只有 17 家华商参展。中国展品总共获奖牌百余枚。

1906 年（光绪三十二年）世博会在意大利米兰举行，有 25 国参加。中国应邀参展。清政府交由商部头等顾问张謇（jiǎn）负责。张謇建议按商部所订《出洋赛会通行简章》，收回出洋赛会承办权，初步摆脱了此事由海关洋员包办的局面，并向制度化方向发展。张謇还牵头成立"七省渔业公司"，汇集沿海各省产品参展。当时正在欧洲考察政治的大臣端方、戴鸿慈等也参观了意大利米兰世博会，感触颇深。他们回国后向清政府上奏，建议"仿外国赛会之例"，在中国举办类似的博览会。

1911 年（宣统三年），意大利又在都灵举办世博会。经驻意公使吴宗谦争取，清政府才同意参会。由外务部与农工商部制订《参赛办法》与《参赛须知》，并严令禁止小脚绣鞋、鸦片烟具、春画图册等参展。中国参展物品主要是丝绸、瓷器、服装、景泰蓝、文具等传统商品，还有各地学堂学生的外文作业、江南制造局的军舰图纸等等。共获奖 256 项，其中沈寿的刺绣等 4 项获得"卓越大奖"。1912 年清朝灭亡后，民国政府继续参与世博会的活动。

作者简介

　　王晓秋，1942 年生，江苏海门人。北京大学历史系教授、博士生导师、中外关系史研究所所长，全国政协委员，国家清史编纂委员会委员，中国中日关系史学会副会长。主要研究领域：中国近代史、晚清史、中日关系史、中外文化交流史。主要著作有《近代中日启示录》《近现代中国的革命》《近代中日文化交流史》《近代中日关系史研究》《近代中国与世界》《近代中国与日本》《晚清中国人走向世界的一次盛举》等。

清宫档案中的万国博览会

李国荣

世博会始于 19 世纪中叶。在清代，常以"万国"代指世界，所以世界博览会当时被称为"万国博览会"，也叫"赛会"。这里，让我们透过清宫档案，探寻清代中国参与早期世博会的历史印迹。

现存清代世博会档案 1500 余件，记载各类博览会 42 个。

中国第一历史档案馆现存清代世博会档案 1500 余件，这些皇宫档案，真实地记录了清代中国参加各项博览会的人员组成、展品选送、经费管理、场地租用、出洋章程、奖牌颁发、现场参观、外交礼仪等内容，直接反映了晚清时期的中国参加各类博览会的详细过程和内中情由。据档案记载，在晚清时期，中国或接到邀请、或参加、或主办的各类博览会多达 42 个。这些各式各样的博览会，有的是世界性的，有的则是某一区域的，还有的是某一行业的，与现今的世博会既有渊源，又有不同。

晚清中国，国家积贫积弱，经济严重落后，参加世博会更是勉为其难，难以有所作为，每次提供的参展物品也仅限于一些手工艺品、农产品和茶叶、瓷器等传统的出口产品。这些与西方的大功率蒸汽机、高速汽轮船、近代钢材等工业产品放在一起，形成鲜明对比。当时，一些有识之士从博览会指出我国参展物品的两大欠缺：一是天产多而人造少，二是人造之物又以徒供装饰而无关实用者为多。

据先后七次踏进世博会大门的中国早期出版商张元济回忆，已是暮色黄昏的晚清，在世博会上黯然失色：展览场地总是很偏僻，场馆又很狭小，就连"世界至小之摩洛哥"都远远不如；展品数来数去，总是瓷器、绸缎、刺绣、漆器等传统的老物件，而且摆放得零乱琐杂，甚至不如苏杭的一些杂货店种类繁多。最让张元济感到羞愧的是，冷冷清清的中国场馆，西方人很少光顾驻足，即便偶尔经过，也是"指指点点，摇头蹙额，不屑一顾，旋即转身离去"。据载，在1905年举办的比利时列日博览会上，中国的展品中竟然有刑具、鸦片、缠足鞋等物，在留学生们的抗议下，这些不雅的展品才被撤下。

首届伦敦世博会，徐荣村并未前往英伦接受英国女王的颁奖。

现在不少媒体津津乐道地描绘说，1851年第一届世博会在英国伦敦举行，一个叫徐荣村的中国商人，带着自己的"荣记湖丝"，绕过南非好望角到达英伦，作为中国参加世博的第一人，走进伦敦世博会。英国维多利亚女王和丈夫阿尔伯特亲王还亲自接见了徐荣村，并为他颁发奖牌、奖状，还赠送"小飞人"画幅以示赞誉。按照这个说法，中国在第一届世博会上就很风光。

可是，根据1852年英国皇家协会出版的《英国伦敦第一届世博会评奖委员会报告书》和1884年刊刻的《北岭徐氏宗谱》等有关资料，以及徐荣村后人的回忆，实际情况是：1851年的春天，在上海英商"宝顺洋行"担任买办的广东商人徐荣村，偶然获悉在华英国人正极力筹集中国产品，参加当年要在伦敦举办的万国博览会。徐荣村便将自己经营的湖州丝绸打了12包，装上货船，运往伦敦参展。这个不到30岁的小伙子怎么也想不到，他的"荣记湖丝"竟在伦敦博览会上摘得金、银奖牌各一枚。徐荣村当年确实曾在本土把自己的货物送往伦敦参加首届世博会，但没有任何证据显示，徐荣村曾远涉重洋到达伦敦世博会现场。所以，伦敦首届世博会上，中国只是"送展"。除了徐荣村的湖州丝绸，其他如茶叶、蜡烛、拐杖等中国物件，都是由在华居住的英美人士及英国本土的收藏家提供的。历史事实证明，徐荣村这个普通的民间商人，不经意的送货举动，使中国与早期世博会结下了不解之缘。

晚清中国参加世博会一度由洋人赫德掌控。光绪帝曾收到美国请柬。

晚清时期，中国参加世博会一度是由洋人掌控的，此人便是在清朝海关充任总税务司的英国人赫德。据载，从 1867 年到 1905 年，在赫德的组织策划下，中国先后参加了 29 届各类博览会。时人回忆，赫德对每次参展还是很上心的，甚至连代表团要带的厨师、油漆工、泥瓦工和木工，他都要亲自挑选。赫德曾这样写道：博览会一个接着一个，"引起了中国对其他国家现状的好奇。由于中国赴会展品很受青睐，中国人不愿参加世博会的观念逐渐改变了"。

1876 年，美国为纪念建国 100 周年，在独立纪念地费城举办博览会。这次费城博览会，中国政府第一次自派代表，以国家身份参加。中国参展物品达 6801 种，装了 702 箱。中国展馆建有一座木质大牌楼，上写"大清国"三个大字。参加费城博览会的李圭，写下了《环游地球新录》一书，详细记载了当时派往美国留学的詹天佑等 120 名中国幼童参观世博会的全过程，李鸿章为这本书作了序。

在清宫档案中，有 1904 年美国圣路易斯博览会邀请光绪皇帝御临的请帖。当时，朝廷特派皇室成员贝子溥伦前往。溥伦呈报中国择日开馆的奏折迄今还完好地保存着。当时国外报纸评论说：这是"中国政府正式登上世博会舞台的开端"。

1905 年比利时举办列日博览会。在这次博览会上，清政府建造了一座典型的中式风格的中国馆，共有 18 个省的 30 余个城市组织展品参赛。在筹备参加此次博览会过程中，清政府决定改由商部操办，结束了持续 30 多年、由英国人赫德把持的海关总税务司负责承办的历史。

1906 年意大利米兰世博会发生火灾，中国五家商铺被烧。

1906 年意大利在米兰举办世博会。当年 8 月 20 日，驻意使臣黄诰致函外务部，详细呈报在米兰博览会举办期间发生火灾，中国五家商铺遭受损失、驻意使臣全力安抚处置的情况。1910 年比利时在布鲁塞尔举行博览会，8 月 15 日会场遭遇火灾，所幸这次中国场馆未受损失。

历史上，也曾有中国谢绝参加世博会的情况。譬如，1908 年 5 月德国在萨克森州德累斯顿举办照相博览会。这年 3 月，德驻华公使雷克司致函清外务部，邀请中国派员参加。4 月清政府回函称，"中国尚少专门名家，拟暂不派员"。中国因当时还没有照相方面的专门人才，所以没有参加德国的照相博览会。1908 年，英国曾设想在上海举办万国古玩博览会，这是有史以来，首次有在中国举办博览会的动议，但清外务部和农工商部商议后，回复婉拒。

100 年前，中国在南京举办南洋劝业博览会，吸引很多外商参加。

恰恰是 100 年前，即 1910 年 6 月至 11 月，晚清时期的中国在江宁（今南京）第一次举办具有世界意义的博览会——南洋劝业博览会。全国有 22 个省提供了展品，各省送来的展品达 100 多万件。此外，东南亚、日本、美国、英国、德国等也多有展品参展，整个博览会历时近半年，参观人数达 30 多万。

两江总督兼南洋大臣端方是南洋劝业会的发起人。档案中有 1908 年 12 月 25 日端方与江苏巡抚陈启泰联名请求在南京开办南洋劝业会的奏折。该奏折提出"宗旨宜纯、范围宜小、体制宜崇、褒奖宜优、筹备宜速"五个方面的办会设想。1910 年 5 月 23 日，清政府正式颁布了《南洋劝业会观会须知》，并有英译本，还绘制了《南洋劝业会会场全图》。在南洋劝业会上，中国除了传统货物外，也开始有了一些机械工业产品，而直隶馆尤其略胜一筹。南洋劝业博览会总共耗资 150 余万银元。中国在 100 年前举办的这次博览会，无疑是一次具有特殊意义的历史事件。

下南洋：晚清海外移民的辛酸历程

刘　平

晚清中国海外移民的主要方向有二，一是美洲，二是东南亚。在清代，东南亚泛称南洋，包括今新加坡、马来西亚和印度尼西亚等东南亚 11 国。东南亚与中国山水相连，自古以来便是我国东南沿海百姓移居海外的主要目的地。唐宋时期，中国海商远及东南亚沿海地区，商民往来频繁。15 世纪初，爪哇、苏门答腊等地出现华人聚居区。明朝中后期，政府多次发布禁令限制出海，但由于海外贸易的兴盛，前往东南亚的人口依然有增无减。然而，真正形成规模并影响至今的移民活动，则是近代以来称为"下南洋"的移民潮。

一

晚清出现"下南洋"移民浪潮，有其深刻的历史原因。17世纪以降，西方殖民势力开始进入远东地区，荷兰、西班牙、葡萄牙、英国等国家先后在东南亚开辟商埠，将远东地区纳入世界殖民、贸易体系。开发东南亚亟需大量劳动力，而非洲黑奴贸易在 18—19 世纪之交已经衰落，西方殖民国家开始把眼光投向人口众多的中国，鼓励华人前往东南亚。就国内而言，"闽广人稠地狭，田园不足于耕，望海谋生"（蓝鼎元：《论南洋事宜书》，载贺长龄等辑《皇朝经世文编》卷八十三），自古以来便是海上贸易、对外移民活跃的地区。鸦片战争之前，下南洋的华人以经商谋生者居多，当时东南亚华人已有 150 万之多。

鸦片战争之后，清政府被迫接受纷至沓来的不平等条约，允许西方国家在东南沿海招募华工，因为应募者要订立契约，时人称为"契约华工"，又叫"卖猪仔""当苦力"。由此，下南洋进入了一个新的时期，其过程大致可以分为两个阶段。

第一阶段：从 19 世纪 60 年代至 20 世纪初，出现以华人劳工为主体的海外移民潮，即苦力贸易阶段。

1840 年鸦片战争后，中国社会经济凋敝，民众生活困苦，在经历太平天国和两广洪兵起义（1854—1861 年，在太平天国起义的影响下，广东天地会发动反清大起义，起义军自称为"洪兵"。有 40 多县的天地会先后举事，参加者达 100 万人，并一度围攻广州城，后辗转进入广西，建立"大成国"等农民政权）以及广东土客大械斗之后，到了 19 世纪 60 年代，东南地区满目疮痍，农村生活更加艰难。时值美洲发现金矿、东南亚种植园经济发展，急需大量劳动力之际，各国纷纷在中国东南地区设立招工公所。饱经战乱的闽粤民人引颈以望。洋行、公所通过雇佣"客头"（"猪仔头"），将贫民诱至"猪仔馆"，签订契约，以出国后的工资为抵押，换取出洋旅费，成为所谓"契约华工"。当时甚至还有使用欺骗、绑架手段掠夺华工的现象。数十年间，仅在东南亚就约有 200 万华工，主要集中在中南半岛的种植园和印尼等国矿山。由于深受"猪仔馆"和船主的非人待遇，契约华工不断反抗，各界舆论也纷纷质疑、抨击。迫于内外压力，各殖民国家相继出台改善华工状况的条例。

1912 年，中华民国临时政府颁布禁止贩运"猪仔"与保护华侨的法令，宣告苦力贸易的终结。这一时期也有部分华人以自由劳工的身份前往东南亚从事商业、手工业与农业活动。

第二阶段：从 20 世纪初到 20 世纪 50 年代初，是下南洋新的高峰期。20 世纪前期，中国国内兵连祸结，战火不断，而东南亚则得到殖民宗主国的扶持。除了传统的种植园、采矿经济外，铁路、航运、金融、制造等新产业也获得空前发展，对于熟练劳工的需求进一步加大。第一次世界大战后的 10 年间，中国向东南亚移民达到顶峰，仅 1922—1939 年间，从厦门等港口出洋的移民就超过 500 万。日军侵入东南亚后，打压华人社会，大量华人回迁国内。第二次世界大战后，迁往东南亚的华人大幅减少。随着共和国的建立，持续数百年的"下南洋"移民潮基本停止。

二

"下南洋"是中国人走出国门的移民潮，其中充满了辛酸与艰险。

首先是"违法"。移居海外在很长时期内是不被允许的。朝廷认为，迁居海外无异于"弃绝王化"，因此，不仅不给移民任何保护，而且对回国者严厉制裁。直到晚清，清政府才意识到海外华侨的经济实力与商埠的重要性，于光绪三年（1877）任命当地华侨领袖胡璇泽为新加坡首任领事。十九年（1893），清政府解除华侨海禁。进入民国，华人参与当地政治、经济、教育事业，扮演了重要的角色。

其次是旅途的艰险。早期移民偷渡出洋，整日担心官军稽查与海盗行劫，海上风险难测，帆船时有倾覆的危险。近代出洋华工则几乎与奴隶无异，饱受猪仔头与猪仔馆的虐待。华工被封禁在船舱内，条件恶劣，死亡率极高，贩运华工的船只被称为"移动地狱"。自由移民者也经常遭到偷渡船主的讹诈与各色人等的刁难。

再次是登陆后，移民同样面临着凶险的环境。一方面，需要克服难以适应当地自然环境的问题；另一方面，还受到当地各种势力的多重压迫。殖民者需要华人参与地区开发，但又对华人迅速扩张的经济实力和社会影响充满担忧，因而有意压制华人，以致迫害、屠杀华人的事件时有发生，其中尤以印尼多次屠杀华人的事件最为惨烈。殖民势力消退后，土著政权也延续了以往排华、限制华人的政策。一旦政局出现动荡，华人往往成为各种政治势力发泄不满的对象。

漂移海外的孤独感和受到的各种压迫，促使华人通过种种方式来保护自己、寻求慰藉与帮助，大致有以下几种方式：

一是与土著通婚。早期移民大多是单身的成年男子，妇女数量少，男女比例严重失调，不少华人便与当地妇女通婚，逐渐融入当地社会。史称"华人有数世不回中华者，遂隔绝声教，语番语，衣番衣，读番书"（王大海：《海岛逸志》，载《小方壶斋舆地丛钞》第十帙）。19 世纪末，随着有关禁令的取消，华人妇女迁往东南亚者日渐增加，华人华侨与外族通婚的现象逐渐减少。

二是创立同乡会馆。移民迁入早期，即出现以互助为目的的合作团体，马六甲的青云亭、槟榔屿的广福宫、新加坡的天福宫都是不分籍贯的华人互助机构。随着移民增加，来自同一省份、府县、方言的同乡会馆逐渐取代前者，使华人社会的人口分布逐步呈现出强烈的地缘色彩。

三是加入秘密会党。早在 1799 年，槟榔屿当局已发现华人会党（"私会党"）的存在，后来会党在东南亚各地势力急剧膨胀，成为影响当地政治的重要力量。在早期华人社会中，会党在一定程度上充当着保护人的角色。在华工贸易中，私会党大多充当"猪仔头"角色，其势力还遍布赌场、妓院、烟馆等场所。私会党内部派系林立，经常发生械斗事件。到 20 世纪 20 年代，会党遭到取缔，逐渐转入地下活动。

大量华人移居东南亚，在一定程度上缓解了当时中国国内的人口压力，也极大地推动了东南亚社会和经济的开发与发展。华人作为东南亚各国本地族群的重要组成部分，现已得到当地政府的认可，但限制华人、排斥华人的问题仍然不同程度地存在着。

作者简介

刘平，1962 年生，苏州人。历史学博士。山东大学历史文化学院教授、博士生导师。研究方向为中国秘密社会史、中国近现代社会史、民间文化与民间信仰。主要著作有《文化与叛乱——以清代秘密社会为视角》《被遗忘的战争——咸丰同治年间广东土客大械斗研究》等。

康乾时期中法科技文化交流

李景屏

　　随着 1687 年（康熙二十六年）法国科学传教团来华，中法之间以传教士为媒介的科技文化交流开始了。

　　法国传教士是带着《中华帝国调查提纲》来华的，"其中涉及中国纪年、历史、地理、经纬度、科学、动物、植物（大黄、香料、烟草）、食物摄取量等问题"。1687 年来华的洪若翰在给法国科学院的信中表示，拟对天文学、地理学、中国纪年学、天文研究、自然科学、医学以及中国的政治、经济、社会状况进行调查研究。

　　在来华途中，洪若翰先后在好望角、暹（xiān）罗（今泰国）进行天文观测，并把在暹罗的月全食观测报告寄回法国科学院；他在西安测定经度的报告、对中国一些城市方位的测试，以及他在 1699 年 2 月对北京彗星的观测记录等，均被法国科学院收入《记录》等刊物中。李明在途经好望角、卢沃、暹罗时，"曾测验土星诸卫星之初蚀与易位，1667 年 2 月在卢沃城测验土星与火星之会"，并在中国不同地区多次测试月食（［法］费赖之：《在华耶稣会士列传及书目》上册）。此外，李明还绘制了广州水道图、宁波港图。

　　1698 年（康熙三十七年），随同白晋来华的雷孝思，因精通天文历算被留在北京。他在为康熙测绘全国地图的过程中"历地最广",在测绘地图的同时也进行天文观测。1708年（康熙四十七年）至1711年（康熙五十年）间,分别对山西、北京和山东的月食进行观测。他在山东、蒙古测绘地图时,还对磁针的偏差进行了测试。

在科学考察中,成果最为突出的当属1722年（康熙六十一年）来华的宋君荣。宋君荣在来华的30多年时间,对月食、星食、日食、土星、木星、水星、火星、金星、木星卫星、彗星一直进行观测,对子午线、黄道也都有观测记录。他不仅是法国科学院、法国考古研究院的通信员,而且先后被俄国、英国的研究院聘为研究员。为了便于天文观测,他在北京为法国神父筹建了一座小观象台。宋君荣的《四季分至与日晷子午线影之记录》《中国彗星简录》均被巴黎气象台图书馆所收藏。此外,宋君荣把《书经》所记载的仲康（中国夏朝的第四位国王）时期所发生的日食逐一进行推算,"由是断定夏代始于纪元前二一五五年"（[法]费赖之:《在华耶稣会士列传及书目》下册）,这一推算与我国当代"夏商周断代工程"所进行的"仲康日蚀研究"的结论相差无几。宋君荣还打算以天文测试来测定中国边境地区的方位,但因支持这一计划的怡亲王允祥于1730年（雍正八年）去世,而未能实施。

法国政府非常渴望了解中国的农业状况,不仅要求把植物种子寄回去,还要求介绍中国粮食的管理与保藏。对植物学颇有研究的汤执中不仅介绍了许多欧洲没有的中国植物、把一些种子寄给法国科学院,还把北京地区的植物260多种编成一部以字母顺序排列的《北京植物目录》,寄往莫斯科的圣彼得堡科学院。金济时神父则建议法国引入漆树、胡椒树、樟树等有经济效益的植物种植。而钱德明则特意撰写了《中国当今皇帝乾隆的农业观》,

并寄回法国。

在医学方面，学识渊博的巴多明则对治疗结核病的"阿胶"制造技术进行总结归纳，并把"冬虫夏草"的中药标本和制造阿胶的技术资料寄给法国科学院，还整理并翻译了中国治疗性病的资料。对中国医学感兴趣的殷弘绪、韩国英，或在归纳中医经典《医宗金鉴》的基础上写有《痘疹新法要诀》《种痘新法要识》，或把中医的方剂介绍给西方，撰写了《华人若干方剂》《用为方剂之鹿血》《说麝香》《记痘症》等医书。

与此同时，中国一些手工业技术也被介绍到法国，如提炼靛青及从黄花中提炼黄色的技术、橡胶的使用、造纸术、种植漆树、瓷器制造等等，其中尤以瓷器制造对法国影响为大。截止到18世纪中叶，法国一直未能生产出硬胎瓷器，1765年（乾隆三十年）法国国王路易十五送给乾隆皇帝礼物中的18件瓷器依旧是软胎瓷器。钱德明撰写的《中国瓷器制造史》《中国瓷器制造过程24图》以及韩国英的《中国陶器》与《说琉璃瓦》都系统地介绍了中国陶瓷技术及其历史。在景德镇传教的殷弘绪，把和泥、拉坯、入窑烧造等工序绘制成图并附上文字说明。他把这些技术资料以及景德镇的高岭土，一并寄回法国，为试制硬胎瓷器提供了资料。中国制瓷技术的传入，促进了法国瓷器从软胎向硬胎的转变，也促使路易十五时期在巴黎与凡尔赛之间出现了制作硬胎瓷器的中心。

科学考察团把大量的中国书籍送回法国。洪若翰第一次回法国时携带的书籍均收藏在皇家图书馆，他最后一次回法国时又带回珍贵的满文书籍和满文字典。马若瑟曾将不少中国书籍转交给皇家图书馆，而傅圣泽在1700年回国时，也带回了11箱的中国书籍。来华的法国传教士还撰写或翻译了一批有关孔子、六经的著述，如刘应的《孔子第六十五代孙传》《中国四书之年代》，以及钱德明的《孔子传》《孔传大事志略》《孔门诸大弟子传略》《中国古今乐记》《中国古代宗教舞》，都系统地介绍了孔子、孔子的著述、孔子所提倡的礼乐制度。此外像白晋的《〈易经〉释文》，巴多明的《六经说》，冯秉正的《易经》译文，宋君荣的《书经》译注与《易经》《礼记》的译文，蒋友仁的《书经》拉丁文译本，孙璋的《诗经》法译本与《礼记》法译本，以及刘应的《易经说》《礼记》《书经》与《中庸》的拉丁文译本等，也都分门别类地介绍了传统的经学。

毋庸置疑，以儒学为代表的中国传统文化对法国及欧洲思想界都产生了深刻的影响，直接引发了法国以及欧洲18世纪汉学的兴起。而耶稣会士对儒家的王道、农本思想的宣扬，则使得法国的"重农学派"找到了支持自己理论的佐证，中国天子籍田仪式（籍田是中国古代天子为举行籍礼而设置的田。每年春耕前，由天子、诸侯执耒耜象征性地在籍田上三推或一拨，称"籍礼"，以示对农业的重视）也漂洋过海来到法国，"法国王储于1767年5月遵照中国天子的榜样，象征性地手扶一张小犁而开犁耕田"（[法]伯德莱：《清宫洋画家》）。

法国科学传教团带来的舶来品中凝聚了西方近代的科技成果，这些对于中国，特别是对中国统治者的影响更为直接。科学传教团把用来观测日食、月食的天文仪器及天文钟、象限仪与勘测用的水平仪、罗盘仪等珍贵仪器献给康熙帝，白晋、张诚给康熙帝制作了数学计算表。

在实地勘测基础上绘制的康熙帝《皇舆全览图》，更是中法科技文化交流培育的一株奇葩。杜德美最先向康熙帝提出"联合神甫数人在各处观测"以测量北京子午线的建议，但康熙帝出于国家安全的考虑，"严拒不准"，"殆恐西洋人详悉中国形势"。最先赢得实地勘测机会的是巴多明，据沙如玉信札所记："康熙皇帝曾误以奉天省会沈阳与北京同一纬度，亦位置于 39 度 56 分。多明对帝明言其误，帝命之赴沈阳详细测验绘图进呈。复命以后，帝因疑国内诸省方位或亦有同一之误，拟绘一总图，乃命多明选择能绘图之传教士若干人往各省测绘。"（[法] 费赖之：《在华耶稣会士列传及书目》上册）测绘地图终于提上康熙帝的议事日程。从 1709 年（康熙四十八年）雷孝思与白晋、杜德美开始对长城一线进行勘测并绘制出该地地图，到 1718 年（康熙五十七年）绘制出《皇舆全览图》，历时 10 年。

另一株奇葩就是圆明园的大水法（即喷水池）。由蒋友仁设计的大水法共有 54 个垂直喷泉，同环绕凡尔赛宫阶梯的喷泉有异曲同工之妙：青铜铸造的 12 生肖环绕喷水池，水从青铜生肖的口中喷出；整个喷泉就像一座庞大的水钟，按照 12 个时辰的到来依次从 12 个生肖的口中喷出水流，中午 12 点时，12 个生肖便一同喷水。

1789 年（乾隆五十四年）法国大革命的爆发以及法国国王路易十六在 1793 年（乾隆五十八年）被处死，使得以科学传教团为媒介的中法之间的科技文化交流在持续了一个世纪后中断。

作者简介

李景屏，1945 年 7 月生于北京。中国人民大学清史研究所教授。自 1978 年初从事清代政治史、清代社会史的研究，著有《1795——乾隆六十年》《乾隆与和珅》《正说清朝十二后妃》《何苦生在帝王家：大清公主命运实录》《何苦生在帝王家：大清阿哥》《清朝大事本末》等著作 13 部，发表论文 40 余篇。

康熙容教令

吴伯娅

　　康熙三十一年（1692）二月，清廷颁布了允许天主教在华传播的诏令，史称"康熙容教令"。其内容为："西洋人仰慕圣化，由万里航海而来。现今治理历法，用兵之际力造军器火炮；差往俄罗斯，诚心效力，克成其事，劳绩甚多。各省居住西洋人，并无为恶乱行之处。又并非左道惑众，异端生事。喇嘛僧道等寺庙尚容人烧香行走，西洋人并无违法之事，反行禁止，似属不宜。相应将各处天主堂俱照旧存留，凡进香供奉之人，仍许照常行走，不必禁止。"这是天主教入华百余年后首次得到中国朝廷以旨令形式的允准，是中西关系史上的重要事件。

一、容教令颁布的原因

　　关于容教令颁布的原因，人们多认为是酬谢传教士对清廷的贡献。实际上，容教令的颁布有多方面的原因。

　　任何一项政策的制定，都离不开决策者对该事物的认识。容教令的颁布就与康熙帝对天主教的认知密切相关。而这个认知又有一个发展变化的过程。康熙帝对传教士及其天主教的认知始于"历法之争"。当时，钦天监汉官与西洋人不睦，互相参劾，几至大辟（大辟，古时死刑的通称）。康熙帝决定以实验的方法来分辨中西历法的优劣。七年（1668）十一月，他命钦天监监正杨光先、耶稣会士南怀仁等双方各用其法，当众预测日影。连续3天的预测，南怀仁都准确无误，杨光先和钦天监监副吴明烜（xuǎn）都有误差。康熙帝又命南怀仁审查吴明烜所制民历，结果发现其中有许多错误。八年（1669）正月，康熙帝命大学士图海等20名大臣同赴观象台，监督测验立春、雨水、太阴、火星、木星。结果，南怀仁所指，逐款皆符；吴明烜所称，逐款不合。因此，康熙帝罢免杨光先，起用南怀仁，改以西洋新法治历。并重审4年前的"历狱"，为耶稣会士汤若望等人平反昭雪。

通过"历法之争"，康熙帝认识到传教士所具有的科学技术的价值，查明传教士"并无为恶实迹"，"潜谋造反"的指控实属诬告。因此，他大胆起用传教士，利用他们所掌握的科学技术为朝廷服务。但他还担心天主教在各省蔓延发展，会对清朝统治造成威胁，因此，对天主教实行限制政策，允许传教士过自己的宗教生活，但禁止传教，也不许中国人入教。宣布："其天主教除南怀仁等照常自行外，恐直隶各省复立堂入教，仍著严行晓谕禁止。"这就是康熙八年禁教令。

康熙帝起用传教士是看重他们的科学技术。而传教士之所以要为清廷服务，则是为了传播天主教。因此，传教士们抓住一切机会，巧妙地向康熙帝宣传天主教。尤其是南怀仁，常常在随帝巡幸和进讲西学之际，趁机加进宗教内容，使康熙帝逐渐增进对天主教的了解。

耶稣会士的科学知识、对清廷的高效服务、合儒补儒的传教策略，使康熙帝对天主教产生了一定兴趣和好感，认定天主教不是邪教异端。在这种情况下，康熙帝对天主教在中国的传播开始采取默许的态度。二十六年（1687）六月，洪若（亦作洪若翰）

等 5 名法国传教士来华，抵达浙江。有人主张将他们递解回国。康熙帝得知后传旨："洪若等五人，内有通历法者亦未可定，著起送来京候用。其不用者，听其随便居住。"康熙帝十分清楚，传教士来华的目的就是传播天主教。他允许这些传教士随便居住，实际上就是对他们的传教活动予以默认。

二十八年（1689），康熙帝南巡途中召见传教士，与之亲切交谈，并遣侍卫分赴教堂颁赐赏银。这是康熙帝继二十三年（1684）南巡之后，又一次与外省传教士进行接触，是对各省天主教状况的一次实地考察。同年，耶稣会士徐日昇、张诚以译员的身份参加中俄尼布楚谈判，促成了《中俄尼布楚条约》的签订，进一步增加了康熙帝对传教士的好感。此后数年，徐日昇、张诚等人奉命每日轮班进宫，向康熙帝系统地讲授西方科学知识。在频繁的交往中，康熙帝对传教士的了解日增。

崇儒重道是清廷的基本国策。正是由于康熙帝了解了耶稣会士合儒补儒的传教策略，一定程度上感受到耶稣会士宣扬的天儒相合，认定"各省居住西洋人，并无为恶乱行之处"后，他才会颁布容教令。值得注意的是，在容教令颁布的当天，康熙帝就向前来谢恩的传教士强调过这个前提条件。明确指出：传教士必须小心谨慎，为了天主教的发展，应与中华帝国的风俗习惯相适应。并要求在京传教士给各省的同伴写信，告诫他们不要滥用朝廷对他们的许可，在使用这种许可时要多加慎重，否则，"朕将立即取消这种许可"。

二、推动容教令颁布的重要人物

长期以来，人们都认为徐日昇是推动容教令颁布之人。徐日昇参与中俄谈判，促成《尼布楚条约》的签订，又出面进呈题本，请求宽容天主教，确为推动容教令颁布的重要人物。容教令中所称"差往俄罗斯诚心效力，克成其事"，指的就是徐日昇。此外，还有几个重要人物也不容忽视。

首先，南怀仁生前对康熙帝的影响至关重要，为容教令的颁布创造了条件。自康熙八年始，南怀仁就执掌钦天监，为清廷修订历法，深受康熙帝的信任。此后，他奉命制造火炮，为清廷平定三藩、统一台湾和抗击沙俄侵略作出了贡献。容教令中所称："治理历法，用兵之际力造军器火炮"，指的就是南怀仁。

受南怀仁的影响，康熙帝的天主教政策不断发生变化。第一个显著的标志就是对耶稣会士李守谦的御批。十八年（1679），李守谦由南怀仁引荐，奉召进京协助治历。翌年奉召内廷，赐茶赏职。他具表力辞，竟获特恩，得赐御书"奉旨传教"，准往各省宣教。显然，这与康熙八年的禁教令大相抵牾（dǐ wǔ，矛盾），表明此时康熙帝的禁教政策已不是"松动"的问题，而是发生重要的变化。只不过还仅是对个别人，还不是全体传教士。第二个显著的标志是将天主教从邪教行列中删除。二十六年二月十六日，康熙帝颁旨严禁邪教。一些省份的官员在发布禁约时将天主教也视同邪教，一概禁止。三月二十三日，南怀仁以工部右侍郎的身份上疏，请求宽免禁止天主教。部议："不准行。"四月十三日，康熙帝谕曰："天主教应行禁止，部议极当。但见地方官禁止条约内，将天主教同于白莲教谋叛字样，此言太过，著删去。"南怀仁请求容教的要求虽未如愿，但使天主教从邪教行列中删除。

其次，满族大臣索额图在容教令颁布的过程中起了重要作用。索额图是满洲正黄旗人，内大臣一等公索尼第三子。早在康熙初年，他就与传教士关系密切，被传教士称为"我们最好的朋友"。康熙二十八年，索额图以钦差大臣的身份率团参加中俄尼布楚谈判，对徐日昇、张诚的表现极为满意，多次向他们表示感谢。并私下向他们表示，以后有什么事尽管找他，他乐意帮忙。张诚乘机提出："我们恳求您某天见到皇上时，请皇上取消禁教令。这比您给我们财富和荣誉还要好。"索额图允诺有机会时一定帮忙。

三十一年正月，当徐日昇请求容教的题本被礼部拒绝后，张诚等人便托索额图在御前周全。索额图重提传教士对清廷的贡献，向康熙帝奏道："要想酬谢他们，只有允许他们在整个帝国公开传教。"在他的劝说下，康熙帝下令撤销礼部决议，让内阁与礼部再议。据传教士记载，索额图出席了这次会议。他历数传教士在天文历法、军事战争、外交谈判方面的功劳，指出："在我所认识的传教士中没有一个是不值得赞扬的。关于他们所传播与信奉的宗教，我跟他们经常讨论，而我发现这个宗教实为圣善之宗。"在他的竭力说服下，会议做出了宽容天主教的决定，形成了礼部尚书顾八代等人的题本。三十一年二月初五日，康熙帝批准了这个题本。容教令得以颁布。

然而，礼仪之争爆发后，罗马教皇一意孤行，强行禁止中国礼仪，引起了康熙帝的极大愤怒。五十九年十二月（1721 年 1 月），康熙帝宣布："以后不必西洋人在中国行教，禁止可也，免得多事。"从此，清廷开始了长达百年的禁教。

作者简介

吴伯娅，1955 年生。中国社会科学院历史研究所研究员，著有多部学术专著，发表学术论文数十篇。

耶稣会士与圆明园

吴伯娅

圆明园位于北京西郊，由圆明、长春、绮春三园组成，占地350公顷，始建于康熙年间，扩建于雍正时期，鼎盛于乾隆时代，增修于嘉道年间。它是中国古典园林艺术的顶峰之作，世界园林艺术史上的一颗明珠，曾被欧洲人誉为"万园之园"，在中西文化交流史上有着独特的地位。来华的欧洲耶稣会士们将西洋奇趣搬进了圆明园，又将圆明园的辉煌盛况向西方作了介绍，由此引起了西方的中国园林热。

在圆明园的长春园内，有一个西洋楼区，是依耶稣会士郎世宁、蒋友仁等人的设计而建成的。它是我国皇家宫苑中第一次大规模仿建的西洋建筑群和园林喷泉，既着重突出西洋形式，又糅合了中国特色，是中西建筑文化交流融合的一次有意义的尝试。

意大利人郎世宁，1715年来华，以擅长绘画供职内廷，历仕康熙、雍正、乾隆三帝。乾隆十二年（1747），乾隆帝偶然从西洋画册中看到喷泉，便要郎世宁为之解说。听了郎世宁的解说之后，乾隆帝的西洋兴趣大发，要郎世宁推荐能工巧匠仿制喷泉。时有法国耶稣会士蒋友仁，长于数学和天文，于乾隆九年（1744）抵达澳门，次年以数学家的名义受召入京，治理历法。蒋友仁在欧洲学习物理时，曾模拟过各种引水机器，郎世宁便推荐他承担此项任务。

为投皇帝所好，谋求自身及天主教在中国的发展，蒋友仁愉快地接受了这项任务，从天文学家一变而为水力机械师，乾隆十年（1745）秋天即制造出第一台喷水机。乾隆帝见后十分喜欢，但他认为，在中国式的宫殿之前设西洋式的喷泉，虽说好看，却并不协调。因此，乾隆帝决定建筑一组欧式宫殿，殿内外均安装喷泉。这组欧式建筑位于圆明园中的长春园，俗称西洋楼。宫殿由郎世宁绘图设计，喷泉则全部由蒋友仁设计督造。

西洋楼楼区占地狭长，东西长840米，南北宽最小处为70米，总面积8公顷多。由西到东依次布置了谐奇趣、万花阵、养雀笼、五竹亭、方外观、海晏堂、观水法、大水法、远瀛观、线法山、方河、线法墙布景等建筑和园景。

谐奇趣，曾是一座音乐厅，专门为皇帝演奏蒙古、回等少数民族音乐和西洋音乐。当年，这座豪华的洋楼里乐声飘扬，楼外的喷泉抛珠落玉，令人如痴如醉。

花园广场正北的万花阵，是按照欧洲皇家花园中的迷宫仿建的。迷宫里的砖墙高1.5米，墙面采用中国建筑的图案花纹修饰，墙顶植有罗汉松。在迷宫的夹道中行进，须按一定的路线才能到达中央圆亭，否则就会走进死胡同碰壁而归，或走来走去又回归原处。因此，这是一个可用来捉迷藏和追逐嬉戏的场所。每逢中秋佳节，清廷都要在这里举行庆祝活动。白天，皇亲国戚、嫔妃贵妇，在宫女的簇拥下进入迷宫，走到中央圆亭前，接受皇帝的恩赐。夜晚，宫女们手执用黄色丝绸做成的睡莲花形状的灯，在迷宫中随意穿行，追逐嬉戏。就好像无数颗金星在罗汉松组成的绿海中飘浮闪耀。皇帝则坐在迷宫中央的圆亭内，欣赏这良辰美景。

养雀笼，位于花园广场东侧，是一个饲养和观赏禽鸟的场所。里边饲养着孔雀和其他的珍奇鸟类。五竹亭又称竹园。5 座亭子全都用湘妃竹构造，镶嵌着彩色玻璃。同样风格的长廊，将这 5 座竹亭连为一体，新颖别致。

方外观，是一座精致优雅的小楼，后来改为清真寺，是乾隆皇帝的容妃做礼拜的地方。容妃是新疆维吾尔族人，乾隆二十五年（1760）入宫，初被封为贵人，后升为容妃。传说她遍体生香，因此人们称她为香妃。

海晏堂，是西洋楼区中规模最大的一所欧式建筑，四面都非常壮观。构思巧妙、造型奇特的喷泉环绕着它，像一串闪光的珍珠，把它装饰得更加美丽动人。楼前水池中央有一个喷泉，喷泉的边缘上有一个精巧的漏壶，这是中国古代用水计时的器具。池两边依八字形排列着 12 座石台，每座石台上都坐着一个人体兽头青铜塑像。这些塑像的兽头为中国传统的 12 生肖。它们分别代表一天中的 12 个时辰，每个时辰（相当于现在的两个小时）都由代表这个时辰的兽头喷水。12 生肖依次按时喷水，形成一个妙趣横生的喷水时钟。中午时分，12 生肖同时喷水，蔚为壮观。

大水法，由喷水池、壁龛屏风和一对水塔组成，是西洋楼区中最为壮观的一组喷泉。当大水法内所有喷泉一齐喷射时，发出的水声可以传到几里之外。它们吐射的水，有的细如珍珠，有的急流成瀑，有的冲天直射，有的轻飘飞洒，有的好似珠帘，有的如同玉树，阳光一照，呈现出道道彩虹，美丽壮观，如梦如幻。

观水法，位于大水法南面，是清帝观赏大水法的地方。它建在一个高起的 5 层白玉台基上，上设皇帝的玉石宝座。

线法山，位于大水法东面，是一座圆形小山，山上树木郁郁葱葱。山顶上，建有一座双檐八角石亭。在石亭里，人们可以眺望西洋楼区，欣赏这一带的壮丽景色。

方河，位于线法山东门以东，是一个长 130 米，宽 40 米的小河。它的存在，拉开了线法山与方河东面线法画的距离，以便人们从最适宜的距离来欣赏线法画的景致。线法画也叫线法墙，是10面垂直的砖墙，南北分立，五列平行。墙上可随时更换或重新绘上各种图案和风景。乾隆年间，郎世宁等人曾遵旨绘制了新疆阿克苏十景，悬挂在线法墙上，以慰香妃的思乡之情。香妃坐在线法山顶的石亭里，目光透过方河，东望线法画，就会产生立体感和纵深感。加之方河碧波荡漾，倒影轻摇，更会产生一种幻觉，仿佛这里就是她的故乡。

长春园中的这一组欧式建筑和喷泉，在我国造园艺术史上是一个新的创举。它大胆地采用西方的建筑形式和内容，但又不生搬硬套，而是洋为中用，中西合璧。这组建筑表明，清代中国的造园艺术家在引进国外园林建筑技艺方面，具有高度的才能，取得了光辉的成就。

圆明园是清朝皇帝的苑囿，一般人无缘观赏。来华的欧洲传教士曾在园中工作，对这座名园的宏伟规模、神工美景赞叹不已。在寄往欧洲的书信中，他们情不自禁地对圆明园作了生动的描述，还将《御制圆明园图咏》等图像资料带到欧洲。

法国耶稣会士王致诚，从乾隆三年（1738）来华，到乾隆三十三年（1768）去世，一直是乾隆帝的宫廷画家，在圆明园内居住和工作过相当长的时间，并参与过长春园的设计。乾隆八年（1743），他在一封写给法国达索先生的长信中，对圆明园作了大量的描述，详尽生动，真实感人。最后，他在信中感叹道：这座园名为圆明园，实为万园之园，无上之园。

蒋友仁也曾向欧洲写信，对圆明园作生动的描述："中国园林与欧洲园林迥然不同，庭院景色层出不穷，更新迭异，人游其中，百看不厌，因为它广袤长短，都有比例。园中景色令人惊叹，流连忘返。"

　　耶稣会士和其他来华欧洲人的介绍使圆明园盛名西传，许多远在欧洲、无法进园的人们，也对它有所了解、喜爱和羡慕。法国文学家雨果曾经写道："在世界的一隅，存在着人类的一大奇迹，这个奇迹就是圆明园。……它仿佛在遥远的苍茫暮色中隐约眺见的一种前所未知的惊人杰作，宛如亚洲文明的轮廓崛起在欧洲文明的地平线上一样。"然而，1860 年，英法联军侵入北京，火烧圆明园，掠走无数珍贵文物，使这个奇迹毁于一旦，沦为废墟。对此暴行，雨果激愤地写道："有一天，两个强盗闯进了圆明园。一个强盗大肆掠劫，另一个强盗纵火焚烧。……在历史面前，这两个强盗一个叫法国，另一个叫英国。……我渴望有朝一日法国能摆脱重负，清洗罪恶，把这些财富归还被劫掠的中国。"

　　圆明园遭受外国侵略者焚烧掠夺，反映了清朝国弱挨打受辱的历史一幕。它所经历的辉煌与屈辱，150 年后，仍然铭刻在亿万人的心灵深处，世世代代难以泯灭。

德国克虏伯公司与晚清军事采购

唐 博

随着洋务运动的兴起，特别是其间中国近代化军队的陆续组建，清政府进行了大规模的海外军事采购。德国克虏伯公司成为清政府军购的主要供货商之一。克虏伯公司参与晚清军事采购活动，使晚清的中国国防建设融入了众多的克虏伯元素，对中国军事近代化产生了重要影响。

一、晚清军事采购与克虏伯公司

英法联军侵华，火烧圆明园的惨痛事实，令晚清朝野越发意识到中国"数千年未有之大变局"所带来的严重危机。于是，以"师夷长技以自强"为口号的洋务运动随即兴起，其中，军事改革是最重要的部分。"坚船利炮"给洋务派官员留下的深刻印象，使其深感"购买外洋船炮为今日救时第一要务"。正如李鸿章所言，"中国欲自强，则莫如习外国利器，欲学外国利器，则莫如觅制器之器"。购买西方船炮等军事装备，以及引进相关的制造技术，成了重中之重。

清政府最初的军购对象混乱不一，基本靠外国驻华使领引荐，导致湘军、淮军最初的枪炮装备制式各异、维护不便。在总税务司、英国人赫德等人的推荐下，大批英制枪炮兵舰纷至沓来。然而这些装备耗资巨大，技术落伍，性价比低。而当时的德国，是军事工业发达的资本主义国家，因其武器装备技术精良、质量过硬和受聘在华工作的德国人的忠于职守，给洋务派官员留下了良好印象。19 世纪 70 年代以后，德国逐渐取代英国，成为清政府军购的主要对象，特别是德国克虏伯公司的火炮，为清政府大量购买。

1811 年，弗雷德里希·克虏伯（1787—1826）创办克虏伯铸钢厂，开启了克虏伯家族企业兴起的大幕。经过几十年发展，经营范围扩大到采矿、铸钢、军火生产等领域，其制造的铸钢火炮性能精良，在普法战争中"锋锐莫当"，行销 40 多个国家，为公司赢得了"帝国兵工厂"的美誉。

德国军火输入中国始于 19 世纪 60 年代，最早的途径是德商私运。同治九年（1870），克虏伯公司派员来华，受聘山东登荣水师，操演他们所购置的克虏伯火炮。这是克虏伯的产品和教官首次由官方途径进入中国。其后，淮军和湘军陆续装备克虏伯后膛炮，组建炮营，在收复新疆和抵抗日本侵台战争中发挥了重要作用。

二、克虏伯火炮购置的两大渠道

19 世纪 70 年代开始，随着克虏伯产品在华销量的激增，不少洋行、公司便纷纷争做克虏伯产品的中介代理。德国军火商满德（Mandl Hermann）最早任职泰来洋行，曾推销过克虏伯产品，与清政府官员有过接触，也曾代表英商怡和洋行做军火生意。光绪十三年（1887），满德在怡和洋行的支持下，倚仗更有利的付款条件，击败与之竞价的泰来洋行和斯米德公司，获得向李鸿章兜售 16 尊克虏伯火炮的资格。克虏伯公司为促成这单生意，不惜额外给满德 3 厘回扣，用来贿赂清政府官员。此后，满德在德国驻华公使巴兰德等人的帮助下，获取了克虏伯高层的信任，成为克虏伯产品在华的全权代理。他所组建的信义洋行，也在 19 世纪 80 年代成为克虏伯产品在华的独家经销商。光绪十五年（1889），满德促成了克虏伯公司 20 年来在华的最大一笔交易——价值 550 万马克的火炮装备，其中 43 万马克定金用于贿赂中国官员。正是这批装备，构成了北洋舰队旅顺和威海卫炮台的基础。

由于清政府驻外公使们长驻各国，了解各国情况，清政府也授权驻外使节"就近查访"，"采购外洋军火"。其中，驻德公使李凤苞、许景澄、洪钧三人在采购克虏伯火炮中先后发挥了重要作用。李凤苞赴德任公使之前，曾翻译过一些克虏伯炮学著作。赴德数载，经过多次考察，他选定伏尔铿船厂订购"定远""镇远""济远"等主力舰，按照李鸿章"船坚还需炮利"的思想，配备大口径克虏伯舰炮，构成了北洋舰队的中坚。任驻德公使时间最长的许景澄，较早提出海军舰炮一律使用克虏伯产品的主张，其理由是"克虏伯炮钢坚击猛，突出阿姆斯特朗之上"。这一主张对当时的舰炮购置产生了深远影响，购炮自克虏伯逐渐成为各省督抚的共识。洋务运动后期一些学堂和舰船所雇的德籍克虏伯厂技师，也多是出自许景澄的引荐。此外，任驻德公使四年（1887—1891）的洪钧，将所有销往中国的克虏伯产品的验收权牢牢控制在自己手中。

洋行与驻德公使相互配合，是所购克虏伯产品及时购运到位的保证。洋行签约后，驻德公使负责前往位于埃森的克虏伯厂，监督所购产品的制造，并负责验收和装船。货物抵华后，洋行可根据合同取得护照，在指定港口卸货，交付有关部门。但是，洋行与驻德公使的合作也并非一帆风顺。在洪钧看来，购买克虏伯产品时，应当保证驻德公使具有订立合同的优先权，他特别厌恶满德对销售合同的控制。正因如此，光绪十五年（1889），满德为威海卫购置了 16 尊克虏伯火炮，洪钧就拒不验收，满德为此蒙受了不小的损失。

三、克虏伯火炮在华装备状况

关于淮军和克虏伯火炮之间的关系，有两个标志性事件值得一提。光绪三年（1877）二月二十四日，李鸿章奏请将淮军 114 尊克虏伯火炮分为炮队 19 营，形成独立的炮营编制。光绪六年（1880）春，李鸿章对访华的克虏伯公司全权代表卡尔·曼斯豪森承诺，淮军今后将只采用克虏伯火炮。炮兵地位的提升和火炮装备品牌的统一，当然有助于提升战斗力。以李鸿章苦心经营的旅顺、大连、威海卫炮台和北洋舰队为例，至 19 世纪 80 年代末，旅顺口已建 10 座炮台，共 63 尊炮，其中克虏伯火炮 42 尊；大连湾已建 6 座炮台，共 38 尊炮，其中克虏伯火炮 26 尊；威海卫已建 15 座炮台，全部装备克虏伯火炮。显然，克虏伯火炮成为 19 世纪末清政府岸基防御的主战武器。北洋舰队所有主力舰也都装备了 2—8 尊克虏伯火炮。

克虏伯火炮的引入，对于提升中国国防实力的作用是毋庸置疑的。在进口大批火炮成品的同时，洋务派官员也积极聘请德国顾问，引进造炮技术，江南制造总局、湖北枪炮厂逐渐具备了仿制克虏伯火炮的生产能力。克虏伯火炮的国产化，是中国近代军事工业进步的里程碑之一。

克虏伯火炮的引入，推动了德国的对华渗透和影响。大量德国教习进入中国的军事学堂，大批克虏伯炮学书籍被译介到中国，不少留学生前往德国学习深造，大批兵工人员前往克虏伯公司参观考察。这对中国军事教育近代化，特别是晚清军事改革产生了重要影响。这一影响集中表现在，清政府在军事改革的思路上实现了由崇尚英法到效仿德日的方向性改变。

引进克虏伯火炮的过程，也是中国人对世界认识不断深化的过程。至少，克虏伯火炮大量装备海防炮台的事实证明，中国人正在改变以内陆为主的传统国防观念，海权意识正逐渐增强。

当然，在洋务运动过程中，军事工业畸形发展，缺乏完整、自主的工业体系，内忧外患的国内外环境和封建制度的腐败，使得靠军事采购装备起来的海军貌似强大，却不堪一击；北洋舰队炮甲亚洲，却在甲午战争中全军覆灭。显然，这些社会政治问题不是单靠军事采购就能解决的。

北洋政府的清史馆与国史馆

赵晨岭

民国初年，北洋政府成立了两个史馆。一个是为了纂修清史而设立的清史馆，另一个是继承前代传统、为纂修中华民国历史而建立的国史馆。

辛亥革命后，南京临时政府刚成立时，黄兴、胡汉民等人即向临时大总统孙中山呈请"速设国史院，遴员董理，刻日将我民国成立之始末调查详澈，撰辑中华民国建国史，昭示海内，以垂法戒，而巩邦基"。孙中山对此议虽深表赞同，但其时南北议和，他旋即辞去临时大总统职务，故国史院未能设立。

袁世凯在北京就任大总统后，于 1912 年底颁布了非常详尽的《国史馆官制》，规定该馆职责是"纂辑民国史、历代通史，并储藏关于史之一切材料"。馆长直属于大总统，掌管全馆事务，并设纂修、协修等分任编纂。袁世凯虽早就任命王闿（kǎi）运为国史馆馆长，但因王迟迟未能进京，直至 1914 年 6 月，国史馆才正式举行开馆典礼。与此同时，清史馆也在紧锣密鼓的筹备中。袁世凯发布大总统令，批准北洋政府国务院关于设立清史馆纂修清史的呈请，并聘任赵尔巽（xùn）为馆长。清史馆于同年 9 月开馆。

两史馆的先后成立，是民初史学界、乃至整个文化学术界甚至政界的一件盛事，《申报》《大公报》《时报》《顺天时报》等纷纷报道两馆开馆盛况，并持续追踪其修史工作开展情况，发表分析评论。

此前，清代国史馆在200多年间先后修成了各朝纪、志、传、表及《大清一统志》等数十种史籍，形成了一整套行之有效的修史制度、编纂程序和管理方法，组织严密，管理有序，成绩斐然，一直为人称道。由此，时人对后继的北洋政府国史馆普遍寄予厚望，《时报》评论称，国史馆"一时如火如荼，颇现一番好气象"。

从民国初年国史馆编纂通史、民国史及收藏一切史料的职掌来看，该馆的地位很高，其设计规格也比清史馆更高，定位是北洋政府的正式机关，而非清史馆一般的临时机构。国史馆馆长用银质官印，而清史馆只是铜质关防。从两史馆成立之初北洋政府财政部对两馆经费的评定等情况来看，国史馆在组织机制、政府资金支持和保障等方面得天独厚，条件比清史馆更为优越，理应比清史馆做出更大的成绩。但事实上，国史馆不但没有取得清代国史馆的成绩，也无法同当时的清史馆相比。

同在混乱的时局中，清史馆在15年中编出了《清史稿》，而国史馆几乎未留只字片纸。报载，最初国史馆拟"先修传纪两类，纪用编年体例，称民国元年大事记、二年大事记云云"，传是指民国重要人物的传记。北洋政府时期的达官显宦去世之时，其讣告上总会有"生平事迹宣付国史馆立传"一句。但实际上，国史馆的工作只是虚应故事，不但没有按时编写历年的大事记，相关人物的传记也始终未见踪影。国史馆毫无成绩可言，自身建制也从正式的国家机关沦落到大学附属的一个处，最终被撤销。这是为什么呢？

这就要从国史馆馆长王闿运和清史馆馆长赵尔巽对待修史的

不同态度、能力和管理思路加以考察。

王闿运（1833—1916），字壬秋，又字壬父，号湘绮。晚清著名学者、经学家、文学家，其史学方面的著作有纪事本末体的《湘军志》。咸丰七年（1857）举人，清末被授予翰林院检讨、侍讲。王闿运早年虽曾先后担任曾国藩、肃顺、丁宝桢等高官的幕僚，但在以80岁高龄担任国史馆馆长之前，一直未曾正式为官参与实际管理工作，其从政经验和管理能力与久历封疆的清史馆馆长赵尔巽比较相去甚远。

赵尔巽（1844—1927），字次珊，亦作次山，号无补。同治十三年（1874）进士，授翰林院编修。历任知府、道员、按察使、布政使、巡抚、尚书、总督等职，历官贵州、安徽、新疆、山西、两湖、四川、东三省等地。

当时报界常把两史馆和主持修史工作的王赵二人加以比较，各种轶事言论常见诸报端。对赵尔巽和清史馆，舆论赞誉有加，而王闿运和国史馆则常常沦为笑柄和被辛辣讽刺的对象。

1914年7月，《时报》以《两史馆最近之态度》为题报道了两馆近况，其小标题分别是"国史馆之清闲"与"清史馆之开创"。次年1月，《申报》则以《两史馆最近之内情》为题进行后续报道，其小标题是"国史馆升官图"和"清史馆讨论会"，褒贬之意不言自明。媒体赞扬清史馆干实事、出成绩，而国史馆则被比喻为毫无"振作之气"的"养老院"和只图升官发财之所。

由王闿运主持的国史馆可谓是管理无方的典型。他敌视辛亥革命，眷恋旧制度，"上任数月，未尝认真视事，于史实未着一字。纂修、协修请定史馆条例，他却称：'瓦岗寨、梁山泊也要修史乎？民国才两岁，无须作寿文也。'"王闿运志不在此，尸位素餐，没有责任心，留下了"国已不国，何史之有？吃饭而已"，

"修一天史，吃一天饭"之类不作为的"名言"。馆中一些人也并不热心于民国之史，而热衷于复辟帝制。开馆不久，国史馆纂修、前清翰林宋育仁就因为上呈文反对共和，主张民国还政于清室而最终被"递解回籍"。

在国史馆内部的管理上，王闿运家的女仆周妈把持经费、干涉用人，由此引发了馆员们和王闿运直接的激烈冲突。结果王闿运不辞而别，负气回湘。馆长脱岗的国史馆内部矛盾丛生，又出现了贪污经费之类的腐败问题。1915 年初，报界评论国史馆："直信之笔未施行，而胥吏之技已露，宁非民国史中一趣事乎？"坊间且开始传言由于国史馆管理不善，北洋政府准备将其与清史馆合并。

1916 年，王闿运去世。次年，北洋政府国务院以"成绩未彰，近更主持无人，形同虚设"为由，停办国史馆，一切事务由教育部接管。教育部则以北京大学下附设国史编纂处的形式继续此项工作。1919 年，国务院也觉得该处附属于北京大学实在"不足以昭郑重"，又将其收归属下。1927 年，国史编纂处虽改回国史馆原名，但依旧无所作为，次年就随着北洋政府被推翻而烟消云散了。

由赵尔巽主持的清史馆却是另一番气象。赵尔巽本人并不精通史学，他的个人著述《刑案新编》《赵留守攻略》等均非史学著作，其在清史馆时于学术管理方面也是问题丛生。但有一点值得肯定：他始终以修史为己任。年过七旬的他一直坚持督责馆务直至去世，并努力利用自己的影响多方筹款来支持清史纂修。如前期财政部在经费问题上一味偏袒国史馆，他便致信袁世凯据理力争，并最终获得了袁氏的支持；后期在经费枯竭难以为继的情况下，他努力从当初在东三省的老部下——张作霖等军阀处筹措修史及出版经费等。可以说，没有赵尔巽对于修史的这一份责任心，最终就连《清史稿》都难以编就。

从北洋政府这两个史馆的修史成绩之良莠看，官方修史是一项复杂庞大的系统工程，管理机制是基础，管理思路是关键。良好的管理机制加上正确的管理思路是做好修史工作的必要保证。

作者简介

赵晨岭，1978 年生。国家清史纂修领导小组办公室工作人员、中国人民大学历史学院史学理论及史学史专业博士生。

报业巨子史量才与《申报》

李　岚

　　《申报》是中国近代一份赫赫有名、影响深远的报纸。在其近百年的沧桑历史中，原《申报》总经理、爱国民族资本家史量才为其发展作出了重要贡献。

　　史量才（1880—1934），原名家修，祖籍江苏江宁县。他从小接受传统教育，戊戌变法后，受维新思想影响，放弃科举。1905年，史量才与黄炎培等发起组织江苏学务总会。1907年为反对清廷向列强借款筑路，参加江浙两省绅商拒借外资保护路权运动。1908年任《时报》主笔。辛亥革命爆发后，结识了上海的革命党人陈其美等，参加响应武昌首义、谋求江苏独立的活动。1912年，南京临时政府与袁世凯议和期间，参加了南北议和的协商工作。

振兴《申报》的新兴企业家

　　亲眼目睹辛亥革命失败过程和政权的嬗变，史量才逐步看清了反动军阀和流氓政客争权夺利、尔虞我诈的真实面目，对革命抱着满腔热忱的他感到十分失望，从此把主要精力转向新闻事业，试图通过社会舆论力量来监督当局，激浊扬清。1912年9

月，史量才在张謇、赵凤昌等人的支持下，接办了当时已亏损数年、发行量只有7000份的《申报》。为摆脱惨淡经营的局面，史量才首先赢得江浙资本家资金上的投入，接着起用张竹平、冯子培、王尧钦等管理人才，对《申报》逐步实行现代化、企业化管理。同时，史量才以超前的眼光积极开拓广告业务，大大增加报纸收入；他以敏锐的经商头脑分析市场行情，适时囤积廉价纸张，降低生产成本。由于经营有方，《申报》在短期内面貌便焕然一新，业务逐渐增长。1916年，史量才收购了合资人股权，独家经营《申报》，使《申报》的发展跃进新里程。

现代化报纸的最大特色，一是销量大，二是传递消息快，这就需要大厂房与现代化的印报设备。为改变《申报》原有极为简陋的馆舍及落后的印刷设备，史量才不惜承受经济困难的压力，致力于印报技术的现代化。1918年用70万元新建了一座拥有100多个房间的5层《申报》大厦，又从美国购进两台新式印刷机投入生产，速度与4台普通印刷机相当，可同时印报18张，每小时印报3万余份。其他如铸字机、纸版机、铅版机、制铜版机和锌版机等亦全部加以更新，《申报》馆成为当时全国设备最新最完善的报馆。1922年11月，英国报界巨子、《泰晤士报》的主人北岩勋爵来到中国，惊叹世界上唯有《申报》及《泰晤士报》有此现代化的规模与气势。

在改善技术设备、创新经营理念的同时，史量才还不拘一格，不惜重金，网罗人才为《申报》服务。他聘请进步作家黎烈文任副刊《自由谈》主编，刊登茅盾、巴金、郁达夫、鲁迅等著名左翼作家的文章。仅1933年1月至1934年8月，就发表了鲁迅140多篇战斗性很强的杂文，使《自由谈》一度成为反"文化围剿"的重要阵地，吸引了众多读者的目光。刘海粟因"模特事件"落难巴黎时，也被史量才聘为《自由谈》特约通讯员，每月酬金百元，这是当时《申报》的最高稿酬。在得知陶行知从日本秘密回国后，为了将科学知识普及到劳苦大众中去，史量才不仅资助他 10 万大洋，聘其为顾问，而且让他住在自己家里，共商《申报》改革大计。人才济济的《申报》馆进入了全面发展的黄金时期。

在史量才的锐意改革、苦心经营下，进入 20 年代后，《申报》的发行量急剧上升。与此同时，还延伸出版了《申报月刊》《申报年鉴》《申报丛书》和《中国分省地图》等书刊，读者群不断扩大，报社资金积累亦成倍上升。1912 年，史量才等以 12 万元购得《申报》，至 1938 年《申报》仅有形资产就达 150 万元，成为当时全国发行量最大、拥有读者最多的报纸之一。

以《申报》为基础，史量才不断拓展业务范围。1921 年，与南洋侨商合办中南银行；继而又集股创办民生纱厂；帮助扩大五洲药房，协助复兴中华书局；1927 年，经办《时事新报》，之后购得其全部产权；1929 年从美商福开森手中收买《新闻报》大部分股权，一跃成为上海乃至中国新闻界最大的报业集团，史量才本人也成为当时中国最大的报界企业家。

"人有人格，报有报格，国有国格"

史量才抱着"新闻救国"的理想，以办好《申报》为终生事业，他常说："新闻家，国医也，……一日不死，则国医之重任一日不容息其肩。吾知报界中不乏年富力强饱学深思之士，当此国病垂危，必能并力同心诊察其症结所在，处方下处，起死回生，挽救浩劫于万一。"以此来呼吁作为舆论先锋的新闻界同仁在国运倾危之际戮力同心，寻找国势衰微之病因，共同担负起时代使命和民族重托。

1931 年九一八事变后，史量才痛感国土沦丧，生灵涂炭，对蒋介石"攘外必先安内"的政策十分不满，反对国民党当局不顾民族危亡而进行的"剿匪"内战。在与宋庆龄、杨杏佛、陶行知等爱国民主人士的频繁接触中，迸发出强烈的民族情感和爱国精神，思想日趋激进，政治态度更加鲜明，开始了他人生道路上的最大转折。他曾告诫报社同仁："人有人格，报有报格，国有国格。三格不存，人将非人，报将非报，国将不国！"坚决主张捍卫新闻独立与新闻自由。

《申报》在史量才的主持下，成为抗日进步力量的喉舌。国民党左派领袖邓演达被蒋介石秘密杀害后，宋庆龄撰写《宋庆龄之宣言》予以严厉谴责和抗议，但没有报社敢于公开发表。史量才得知此事后，当即决定全文见诸《申报》。他还支持宋庆龄、蔡元培、杨杏佛等发起的"中国民权保障同盟"运动，敢于冲破新闻封锁，顶住国民党当局施加的种种压力，在《申报》上发表民权保障同盟的宣言和各方函电，对其活动进行全方位跟踪报道，使民权保障同盟正义的呼声传遍国内外，扩大了同盟的社会影响。《申报》不仅大力宣传抗日救国、反对妥协退让，而且敢于抨击时弊，揭露当局的黑暗统治，成为反对内战、反对蒋介石独裁统治、要求实行民主的阵地。

《申报》旗帜鲜明的政治态度令国民党反动当局感到恐慌。蒋介石设立新闻检查所，给各报派员督导，唯史量才坚拒不纳，否则《申报》宁可停刊，维护了其"独立之新闻乃世界幸福之所赖"的办报理念。为控制上海舆论阵地，蒋介石政府试图拉拢史量才，给他以中山文化教育馆常务理事、上海临时参议会议长等荣名高位，但他坚持正义不为所动。蒋介石说过："史先生，如果我有什么缺点，你们报上尽管批评。"史量才回答说："蒋委员长，如果你有不对的地方，我们是不会客气的。"由于言论自由进步，1932 年 7 月至 8 月，《申报》曾被蒋介石手令禁止邮递达 35 天之久。之后，蒋介石找史量才谈话，蒋威逼说："把我搞火了，我手下有 100 万军队。"史量才回敬说："我手下也有 100 万读者，我们也不敢得罪。"

腐蚀拉拢、威逼利诱均告无效后，1934 年 11 月 13 日，蒋介石指使戴笠派遣军统特务将史量才暗杀。

为乱世存信史

史量才认为，报纸是对历史客观忠实的反映，应成为"史家之别裁，编年之一体"，要为后人修史建立完备的档案，必须有完整的资料。因此报纸肩负着"通史之任务"，报社全体同仁必须"以史自役"。

在接手《申报》之初，史量才就注意到，《申报》整整 40 年竟未留存一份全报资料。上任伊始，他就决定收购自 1872 年 4 月 30 日至 1912 年 10 月 20 日的全部旧《申报》，为此反复刊登征集广告，最终从民间一位收藏者手中征集到了自问世起整整 40 年的几乎所有《申报》（仅缺 7 张）。史量才在 1928 年的《申报》二万号庆祝会上表达了百般搜求之用心所在："慨自（民国）十七年中，兵争俶（chù，开始）扰，而国家之文献荡然无存。一旦政治清明，朝失而求之于野，此戋戋（jiān jiān，细微）报纸，或将为修史者所取材乎。"《申报》秉承他"以史自役"的办报方略，尽力全面、详尽、真实地记载每天发生的国内外重大事件，成为记录近代中国社会历史的翔实的"百科全书"。

史量才是爱国知识分子的杰出代表，他的办报思想与实践充分体现了中国新闻工作者刚正不阿、秉笔直书的战斗精神。在民族危亡的岁月里，史量才忠于新闻事业、尊重客观事实、不畏强权的办报精神，值得今人纪念与学习。

作者简介

李岚，1972 年生于安徽庐江。中国人民大学清史研究所博士，现为国家清史纂修领导小组办公室工作人员。研究方向为中国近代社会史、思想史，发表各类学术论文数十篇。

从台湾地区民意代表质询案看台湾版《清史》的得与失

赵晨岭

1961 年，由台湾地方当局组织纂修的八卷本《清史》付梓。该书一经面世，即引发了很大争议。次年 3 月，台湾地区民意代表刘振东（1897—1987，北京大学法学院毕业，后留学美国哥伦比亚大学主修历史学与经济学，获博士学位，曾任中山大学教授）在台湾地区立法机构会议中提出质询，指出台湾版《清史》存在的 10 方面问题，认为这部书"体制不对、立场不对、态度不对、见解不对，错误甚多"。之后，他又多次质询。这场笔墨官司几上几下，沸沸扬扬地打了一年多，成为当年台湾政界学界的一起公案。

一、台湾地方当局如何纂修《清史》

国民党政权败退台湾之后，于 1954 年召开了第一届"国民大会"。会上，100 多位代表联名敦请台湾地方当局延揽史家，从速编纂清史。其后，几位台湾地区监察代表于 1959 年又提出"敦促政府迅修清史案"。次年，第三次"国民大会"200 多位代表联名提出"请政府迅速编成清史以维护文化传统案"，针对当时内地开始考虑纂修清史的新情况，声称"大陆确已着手编拟清史，显有篡窃之企图，故此事刻不容缓"。

在这一波波声浪之下，台湾当局领导人兼"国防研究院"院长蒋介石终于同意纂修清史，并在"国防研究院"成立了清史编纂委员会开始工作，张其昀为主任，萧一山为副主任，彭国栋任总编纂。但这部《清史》从一开始就被定位成"献礼工程"，张其昀决心于1961年"元旦出版第一册，双十节出齐"，这样，留给修史者的时间就只剩下一年了。

经过内部讨论并征求各方意见，台湾"国防研究院"清史编纂委员会首先拟定了21条凡例，后来成为台湾版《清史》卷首的叙例。凡例中明确此《清史》将以《清史稿》为蓝本，主要是修订而非撰写。之后修史人员明确各自分工，除23位编纂委员以外，又外聘了几位专家参加撰稿和修订工作，最后由主任和总编纂负责统稿。一年后，台湾版《清史》告成，以"国防研究院"和台湾中国文化研究所合作名义刊行。

二、刘振东质询案的来龙去脉

刘振东提出质询后，1962年6月，"国防研究院"清史编纂委员会作出书面答复，对台湾版《清史》是否为正史、是否已有人批评、对孙中山称名而未称"国父"、本纪是否歪曲事实等方面问题加以回答，基本上不同意刘的观点。张其昀同时致信刘振东，称诸多学者曾在美国亚洲学会年会上讨论该书，"反应良佳"。

10月，刘振东在台湾地区立法机构会议上对《清史》问题再次质询，提出了长达4万字的《重修清史方案》。他指出，历代政府对于官修正史，都十分郑重谨慎，不敢掉以轻心，因为一且"自坏民族之历史",将成为民族之罪人,而清史编委会的答复,却"公然说谎,修辞不诚"。

"国防研究院"清史编纂委员会再次答复,对刘文中涉及的学术问题和有关细节进行了辩解,称刘振东"读书太少,少见多怪"。台湾地区行政管理机构负责人之一王云五则在立法院会议上口头答复,说这部清史"不是官修的正史","所以对于现在的这部清史的编纂并不是政府的意思,而且事实上连史也说不上,因为编者在序里就已说过'稍作增补以存史料',它仅是一种史料而已"。

1963年8月,刘振东发起第三次质询,评价清史编委会的答复是一篇"没头没脑毫无内容的骂街文字",指出即使台湾版《清史》不是正史,最起码也应该算是台湾当局组织编纂的官书,当局对该书的质量问题应该负责。他认为通过自己的反复质询,台湾当局,特别是学术界,对于这个问题更加重视,大家都同意清史修纂是大事,真理因辩论而益明,经过几番质询与答复之后,对于修史大业必能有所裨益。他坚信自己所提出的种种意见完全正确,并表示愿在学术界对此展开公开辩论。

三次质询之后,台湾地区行政管理机构总负责人陈诚在答复中推托编纂台湾版《清史》并非该机构直接主办,且已将刘振东的质询案送交"国防研究院",请其在后续的修订工作中予以采纳。这样,经过一年多的唇枪舌剑,此事最终以不了了之的方式平息下去。

三、对台湾版《清史》的评价

那么,尘埃落定之后,对台湾版《清史》究竟应该如何评价呢?笔者认为,综合各方面评论来看,首先可以肯定这部《清史》确实优于《清史稿》。这一点连反复对其质量问题提出质询的刘振东也同意。他承认，"《清史》以《清史稿》为蓝本，经一年的修正，比原书较优"。

首先，台湾版《清史》对《清史稿》的内容进行了部分订正。一方面，台湾史家修改用词，使其笔法较为客观。如书中有关明清战争的内容，《清史稿》中称明朝"寇""犯"等字样，一律修改为"攻"。其他如在行文中根据情况将"诛"改为"杀"、"僭（jiàn，超越本分，冒用在上的人的名义或称号）号"改为"建号"、"为乱"改为"举事"等。另一方面，台湾版《清史》增补了一些史事，改正了部分错误。这在纪、志、表、传各部分中都有所体现，如本纪中，台湾史家根据《清实录》等书的记载，对一些错误的时间记载加以修改，还增补了一些重要史料。《天文志》中增补了一些天象记录，《灾异志》中删除了一些荒诞不经的内容和并不罕见的三胞胎记录等，其他地理、职官、艺文、邦交各志也有一些修订。表的方面，对部分年表进行重新规划，更正了《清史稿》原表中的几千处错误，还重写了《大学士年表》和《疆臣年表》的序言。传的方面，《后妃传》中不再避讳，客观记录了清代帝王诞生后的名字，如"太祖生"改为"生努尔哈赤"、"太宗生"改为"生皇太极"等等，又删除了宣统退位后在民国年间给予旧臣的封号、谥号，其他各传增订或改正的地方还有很多。

其次，台湾版《清史》新编了《南明纪》《明遗臣列传》《郑成功载记》《洪秀全载记》和《革命党人列传》。这部分内容大多源于国民党败退台湾引发的政治需要和学术兴趣，虽然由于政治取向问题使得某些史评未必客观，但台湾学者对这一部分是下了较大功夫的。他们广泛收集史料，增补了许多史实。从彭国栋《清史纂修纪实》一文所见，仅《南明纪》就引用了 55 种史料,《郑成功载记》亦引用数十种。这样,仅从保存大量史料一点来看,这部分就自有其史学价值。

但是,总体上看,台湾版《清史》确实是错漏百出,粗制滥造,无怪乎刘振东义愤填膺地三次质询。身为总编纂的彭国栋自己也承认,台湾版《清史》十分之八沿用《清史稿》,因仓促付印,没有时间详细考证,该书本纪中的时间错误还有许多地方没有修正。又如《天文志》中正文与附表内容不符,《清史稿·地理志》中原来就缺少的察哈尔一卷居然仍没有补入等等。诸如此类问题,俯拾皆是,不一而足。即使是修史者自己非常重视的新编部分也有诸多问题,有些提法在清史范畴里显得不伦不类,有的地方不合体例。例如《革命党人列传》四卷,第一、二卷是编年体,第三、四卷是传记体,名为列传并不合适。此事虽被提前发现,但是因为该书的目录早已印出,为了前后一致而没有更名,最后造成了名实不符的错误。

台湾版《清史》之所以留下了这么多的遗憾,除了当时台湾缺乏清代档案文献资料、修史条件并不理想等客观因素外,和主事者不按学术规律修史,一门心思与内地纂修清史抢时间、打造"献礼工程"有着很大关系。短短一年时间,无论如何也编不出一部规模宏大、能够涵盖近三百年史事的学术精品。此前只有同样为人诟病的《元史》编纂如此仓促,无怪乎张其昀不得不在台湾版《清史》序中声明"依新史学之体例与风格,网罗有清一代文献,完成理想中之新清史,则寄厚望于后来之作家"。回顾半个世纪前的这段史事,发人深省,可资借鉴。

清代诗文简论

戴 逸

《清代诗文集汇编》浩瀚广博，收近 4000 家，录诗文不下 500 万首，鸿篇巨制，洋洋大观。诗与文是我国悠久的文学体裁，唐宋最盛。而《全唐诗》仅 4 万首，清代诗文之多远迈唐宋，其艺术水平亦高超卓绝，可与唐宋相比肩。

文士诗人即事撰文，即情吟诗，所作皆当时当地的所见、所闻、所知，真实可信。其中有军国大计、朝政庙谟（mó，策略），亦有战乱灾祲（jìn，妖气）、民间疾苦，作者据实而书，感叹沧桑，价值很高，可据以编史著作，亦可暇日吟诵，以广见闻。这是一笔丰富而珍贵的文化遗产，但清朝灭亡之后，战乱频仍，还没有来得及收集和整理。此后，虽有些整理出版，然数量有限，致使这笔浩博的文化遗产散落各地，未为人知。这次《清代诗文集汇编》收集、整理、出版数量达 800 册之多，在我国出版史上还是第一次。

要了解近 300 年的清代诗文的全貌和特点，需要写一部厚重的《清代文学史》，这里只能做极简要之介绍，说其内容梗概，写其发展趋势，挂一漏万，势所难免。

清初是一个天崩地裂的乱离之世，干戈扰攘，中原板荡，清兴明亡，满汉矛盾成为社会的主要矛盾，汉族知识分子的心态也围绕着这一主轴而与时俱变，当时文坛上充斥着明遗民的诗文，痛家国之沦亡，斥清兵之凶残，思明亡之教训。其代表作家有清初三大儒、岭南三大家、江左三大家等。清初三大儒有黄宗羲、顾炎武、王夫之。黄宗羲以深沉的思考写出了《明夷待访录》《南雷文定》等精彩篇章，突破了君臣之间的纲常伦理，宣称"为天下之大害者，君而已矣"！顾炎武写《日知录》《天下郡国利病书》，针对明末贫富不均、土地兼并，主张"均田""均赋"。王夫之在《思问录》《周易外传》中提出唯物主义以及变化、矛盾的哲学观点。他们在诗歌方面贡献亦多，如顾炎武写"感慨河山追失计，艰难戎马发深情"（《海上》），黄宗羲写"顽石鸣呼都识字，冬青憔悴未开花"（《寻张煌言墓》），王夫之写"家国遥睇（dì，斜视）怜征雁，溪路含愁听早莺"（《山径》），抒发了思念故国的深情。

岭南三大家为屈大均、陈恭尹、梁佩兰。最突出的是屈大均，他长期跋涉远游，"所目击者宫阙、陵寝、边寨、营垒废兴之迹，故其词多怨伤慷慨"（卓尔堪：《明遗民诗》）。他一直活到康熙中叶，当清朝收复台湾时，他还从失去复明基地的角度出发，写了"茫茫一岛是天留，父子经营作首丘，恨绝生降虚百战，桓文事业付东流"。

江左三大家，即钱谦益、吴伟业、龚鼎孳。他们则是另类的遗民，一度降清，后来内省忏悔，悲怨深切，形之于诗。钱谦益是当时诗坛的领袖，降清不久即归乡家居，写下了"周室旧闻迁金鼎，汉宫今见泣铜驼"，"林木犹传唐痛哭，江云常护汉衣冠"的诗句。当郑成功举反清义旗进长江、围南京时，各地响应，钱亦喜极欲起，仿杜甫秋兴诗写诗100多首，歌颂欢呼。陈寅恪称："《投笔集》诸诗摹拟少陵，入其堂奥……诗中颇多军国之关键，为其所身预者。《投笔》一集实为明清之诗史，乃三百年未有之绝大著作也。"

吴伟业也是失节仕清的诗人，著《梅村集》，其中《圆圆曲》《永和宫词》《松山吟》皆为书写明清史事的著名诗篇。他临终时怨艾自责，写《贺新郎》一词，云"故人慷慨多奇节，恨当年沉吟不断，草间偷活，脱屣妻孥（nú，儿女）非易事，竟一钱不值何须说"，可以窥见他内心的痛苦与煎熬。

清初还有傅山、朱之瑜、侯方域、方以智、张煌言等一大批诗人文士，留下了许多诗文，吐露了自己的哀伤之情。

康熙中叶以后，朝廷致力于发展农业、奖励耕垦、蠲免租税、兴修水利，又出塞用兵，抗击俄国侵略，统一新疆、西藏，内部又团结汉族知识分子，尊孔崇儒，开博学鸿儒，征召山林隐逸，满汉矛盾渐趋缓和，对立情绪消退，清朝进入盛世，诗文风气因而大变。

盛世诗人早期的代表可推王士禛，他官居高位，交游广阔，极享盛名，著有《带经堂文集》。他的诗描绘景色，指点湖山，称神韵派。他写诸如《方山道中》等诗，吟及："前山白云外，缭绕一江横，渔舍参差见，风帆自在行。烟花怜故国，湖海寄浮生，洗盏船头坐，一声沙鸟鸣。"把平凡常见的湖山花鸟勾画得清新幽雅，令人神往。

当时与王士禛对立的是赵执信，有《饴山堂诗文集》。他反对王士禛的"神韵"说，批评王"诗中无人"，主张"诗中有人诗外有事，以意为主，言语为役"。赵的诗较注意现实，"笔力遒劲"。《四库全书总目提要》评论二人"王以神韵缥缈为宗，赵以思路劖（chán，凿）刻为主"，很能说明他们的诗风特色。

稍后的沈德潜标榜"格调"，主张"诗之为道可以理性情，善伦物，感鬼神，设教邦国，应对诸侯"。沈著有《归愚诗钞》，他在《说诗晬（zuì）语》中反对以吟咏风花雪月为事，在诗风上主张"温柔敦厚，中正平和"，他的诗较多颂圣赞德之作。

更后的郑燮，号板桥，一反"神韵""格调"之说，主张表现性情，抒写人民疾苦，他能诗善画，工书法，世称"三绝"。在山东潍县当知县时所写《画竹》一诗云："衙斋卧听萧萧竹，疑是民间疾苦声。些小吾曹州县吏，一枝一叶总关情。"

清代最有成就的诗歌改革家是袁枚，著《小仓山房诗文集》。他是雄视乾隆一代的诗坛巨擘（bò，巨擘比喻杰出的人物），倡"性灵说"。他说："诗人者不失其赤子之心者也。"（《随园诗话》）反对将诗歌作为单纯卫道的工具，主张诗可以抒写山水之景、男女之情，强调"灵感"的作用。"但肯寻诗便有诗，灵犀一点是吾师，夕阳芳草寻常物，解用都为绝妙词。"（《遣兴》）袁枚诗作，确能写出自己的生活感受，直抒性情，清逸灵巧，别具风格。如"秋深古迹诗愈健，霜满黄河浪不骄"（《题壁诗》），"如何二十多年事，只抵春宵一梦长"（《苦妾》）。

和袁枚齐名的有蒋士铨、赵翼，都是性灵派诗人。蒋有《忠雅堂诗文集》，其诗"清新蕴藉，皆发诸性情"，如"已知豪气吞云梦，便买扁舟下岳阳"（《洞庭秋泛》），"前尘事事都难忘，不到伤怀总不知"（《题忆园》），"自喜结根依小草，不随飞茵堕苍苔"（《落花》）。赵翼有《瓯北诗钞》，他既是诗人，又是历史学家，所作《二十二史札记》驰名于世。他曾从军远征，跋涉川黔闽粤，又扈从乾隆帝出塞行围，歌咏蒙古习俗，大漠风情。蒋士铨说他"天才卓越，又得江山戎马之助，以发其奇，兴酣落笔，雄伟奇恣，不可遍视"（《瓯北集序》）。他写诗力主创新，不蹈前人窠臼，他的诗"李杜诗篇万口传，至今已觉不新鲜。江山代有才人出，各领风骚数百年"（《论诗》），尤为人耳熟能详。

清代中叶，文章亦臻于极盛，诞生了桐城文派，它是中国文学史上传承最久、作者最多、影响最大的文学派别。始创于康乾时代的方苞、刘大櫆（kuí）、姚鼐，下传到 19 世纪的梅曾亮、方东树、管同、曾国藩、吴敏树、张裕钊、薛福成、吴汝纶、林纾等，薪火相传 200 年之久，直到五四运动为止。据说有名可数的作家有 600 多人，大多有诗文集行世，故当年有"天下之文章，其在桐城乎"之说。他们不仅有文学创作的实践，佳作如林，精彩纷呈，而且有文学理论。方苞提出"言有物，言有序"，刘大櫆标榜文章的"神、气、音、节"，姚鼐又细化成"神、理、气、味、格、律、声、色"。桐城派声势浩大，影响甚广。中国文学史上从未出现过这样大的文派。但在五四新文化运动中，它成为被批判的对象，被称为"桐城谬种，选学妖孽"。这时中国社会向近代社会转型，白话文取代文言文，桐城派不能适应时代的需要，故地位下跌，一落千丈。五四运动当然具有划时代的丰功伟绩，但对传统诗文的评论具有片面性。其实桐城派文章是清朝盛世的产物，接续着中国古典文学的传统，在中国 18 世纪和 19 世纪是中国思想和知识的传播载体，也有精华和糟粕之分，应该客观正确地分析对待，不可一笔抹杀。

跨过清朝的乾嘉时代，中国迎来了狂暴急骤的西风欧雨，诗文的内容和形式亦随之大变。一是爱国主义精神发扬光大，充实了诗文的内容；二是学习西方文明的思潮兴起，扩展新视野，歌咏新事物，产生新理念；三是改革与革命兴起，诗文成为改造中国、振奋人心的武器。

近代爱国爱民的新诗文萌生于鸦片战争时，林则徐的"苟利国家生死以，岂因祸福避趋之"，龚自珍的"我劝天公重抖擞，不拘一格降人才"，魏源的"不忧一家寒，所忧四海饥"开其端。郑观应有《关心时局，因赋长歌》，历述了中国的被侵略和被凌辱，"一自海禁开，外夷势跋扈，鸦片进中华，害人毒于蛊，铁舰置炸炮，坚利莫能拒，诸将多退怯，盈廷气消沮，割地更偿费，痛深而创巨，何以当轴者，束手无建树"。狄葆贤有《平等阁诗钞》，则写下了"尘海微生感逝波，沉沉大陆竟如何，睡狮未醒千年梦，野马行看万丈过"（《秋感》）。

近代的许多诗人痛心对外战争的失败，歌颂战争中牺牲的英雄，如贝青乔的《咄咄吟》，林昌彝的《射鹰楼诗话》，黄遵宪的《人境庐诗钞》都脍炙人口。张维屏的《三元里》写道："三元里前声如雷，千众万众同时来，因义生愤愤生勇，生民合力强敌摧。"热烈歌颂人民的抗英斗争。黄遵宪的《闻大东沟战事》颂赞邓世昌"致远鼓轮冲重围，万火丛中呼杀贼，勇者壮烈首捐躯，无悔同胞夸胆识"；还有胡延《蔺德堂诗钞》歌颂左宝贵"月晕重重闻楚歌，洞胸犹握鲁阳戈，仲由结缨那惜死，国势不张将奈何"（《左将军歌》）；丘逢甲痛心台湾割给日本，写出"春愁难遣强看山，往事经心泪欲潸，四万万人同一哭，去年今日割台湾"的悲歌。这些诗慷慨磅礴，洋溢着强烈的爱国主义思想。

要求清廷进行改革维新的声音也同时在诗文中兴起。黄遵宪倡导诗界革命，他的诗"独辟蹊径，卓然自立"（梁启超语），赞成改革变法，"滔滔海水日趋东，万法从新要大同，后二十年言定验，手书心史井函中"（《己亥杂诗》）。戊戌改革的人物均善诗文，咏诗甚多，其领袖康有为因北京不能实现改革之志，在离京南下时有诗"高峰突出众山妒，上帝无言群鬼狞，漫有汉廷遣贾谊，岂教江夏逐祢衡"（《出都留别》）。及至维新失败，慈禧当权，金天羽《天放楼诗集》有诗："上林风急雁惊秋，国事天家说总愁，帝病请祠遣蒙恬，佛慈衣钵斩罗睺（hóu，罗睺为古代印度神话中的恶魔），北军产禄兵柄握，东市膂滂血空流，想是宫中谋议泄，皇灵停槗困沙丘。"这首诗几乎是戊戌政变的写实。

历史进入 20 世纪，局势又变，革命风潮，汹涌激荡，不可阻遏，诗文成为鼓吹反清革命的锐利武器。孙中山的《革命方略》《民报发刊词》，邹容的《革命军》，章太炎的《驳康有为政见书》以及陈天华的《猛回头》都是驰名的革命诗文，大批知识分子走向革命，写了大量反清的诗歌文章。鉴湖女侠秋瑾以一女子，既习武，又能诗。她写的词《鹧鸪天》"祖国沉沦感不禁，闲来海外觅知音，金瓯已缺总须补，为国牺牲敢惜身。嗟险阻，叹飘零，关山万里作雄行。休言女子非英物，夜夜龙泉壁上鸣"；又写《感愤》诗："莽莽神州叹陆沉，救时无计愧偷生。抟沙有愿兴亡楚，博浪无椎击暴秦。国破方知人种贱，义高不碍客囊贫。经营恨未酬同志，把剑悲歌涕泪横。"诗词中表现了革命者爱国的情怀、崇高的追求和悲壮的风格。

辛亥革命前夕，革命诗文大量涌现，如柳亚子"希望前途竟如何，天荒地老感情多，三河侠少谁相识，一掬雄心总不磨。理想飞腾新世界，年华辜负好头颅，椒花拍酒无情绪，自唱巴黎自由歌"（《淀江道上口占》）；苏曼殊的"蹈海鲁连不帝秦，茫茫烟水著浮身，国民孤愤英雄泪，洒上鲛绡赠故人"（《元旦感怀》）。

宣统元年（1909），许多诗人文士在苏州虎丘集会，创设"南社"，以诗文为武器，抗击腐败的朝廷。清朝覆亡时，社员发展到 200 人，以后发展到 2000 人。南社诗风，忧国忧时，慷慨雄放，柳亚子作诗纪念称："寂寞河山歌舞尽，无端豪俊又重来，莫笑过江典午卿，岂无横槊补天才。"南社成立为清代诗歌作一总结。至五四运动以后，白话文和白话诗兴起，又开拓了中国诗文的新领域、新境界。

作者简介

戴逸，1926 年生，江苏常熟人。中国人民大学教授，国家清史编纂委员会主任。主要著作有《中国近代史稿》、《1689 年的中俄尼布楚条约》、《简明清史》、《清代人物传稿》（下）、《中国历史大辞典·清史》（上）、《中国大百科全书·中国历史卷·清史》、《乾隆帝及其时代》、《18 世纪的中国与世界》、《清通鉴》、《履霜集》、《繁露集》、《语冰集》、《涓水集》等。

父廉子贪的赵申乔和赵凤诏

王政尧

　　赵申乔（1644—1720），祖籍江南武进（今江苏武进县），康熙九年（1670）进士。二十年（1681），授河南商丘知县，有惠政，后升任刑部主事，曾任浙江布政使、户部尚书等职。他一生为官清正廉明，直言敢谏，深受康熙帝信任。但是，其子赵凤诏却因为贪污被罢官斩首。父廉子贪的这一典型，引起了当朝朝野的震动。

　　赵申乔的父亲赵继鼎在明崇祯年间曾任兵部主事，他不断教导赵申乔：为官之道，"立心为第一事，到不能两全处，宁失官，勿负心！苟负心以全官，独不为子孙计乎？"赵申乔将这些话牢牢记在心里，明确表示"为官要清"，"夫清，非仅不名一钱也，须兼廉明二义。廉者，一尘不染；明者，一毫不蔽，兼之斯可谓清"。

　　赵申乔初任商丘知县时，商丘刚经历了清初战乱，灾荒频繁，税收沉重，时人称为"繁剧难治"之地，官吏无不视为畏途。赵申乔到任后，微服私访，下令全部取缔私立名目的赋税，要求隐占土地的豪绅地主自首报案并核实全县土地。同时，赵申乔"刻苦自励，案牍悉手治"，属吏及衙役们再也不敢为非作歹。适逢商丘大旱，瘟疫流行，形势再度严峻。赵申乔积极部署救灾，并带头将家中仅有的几匹细绢变卖，开设粥厂，赈济灾民。百姓深受感动，颂扬他是个好官。

康熙二十五年（1686），赵申乔以"贤能"入京，授为刑部主事。在参与处理各种案件时，赵申乔不徇私情，拒绝贿赂，坚持秉公处理，得罪了本部诸官。这些同僚寻找各种借口对他竭力贬斥。他深感抑郁，在康熙三十三年（1694）托疾辞朝。

三十九年（1700），直隶巡抚李光地向康熙帝举荐赵申乔。康熙帝在召见他后，对朝臣说："赵申乔人甚敬慎，委以钱粮，断无苟且。"破格提升他为浙江布政使。临行前，康熙帝又嘱咐他道："浙江财赋地……钱粮多蒙混，当秉公查核，不亏帑，不累民。布政使为一省表率，尔清廉，属吏自皆守法。"赵申乔当即表示："到任不做好官，请置重典！"

赴浙江之任，赵申乔仅带随从 13 名，"自家载米备炊爨（cuàn，灶）"。一到任，即革除积弊，其中一项，能在一年内为广大百姓免除 4000 多两的被征之银。赵申乔还从自己做起，将时节送礼等多种名目的不法财源一一禁绝。自此，属吏敛迹，"凛凛奉法律"。其间，他又作《劝农书》《劝农图》，奖励农耕，改革农事。时人有诗赞曰："齐民谙要术，风俗公所移。"

康熙帝得知后，称赞赵申乔"居官甚清"，于四十一年（1702）升他为浙江巡抚。赵申乔筹划和修筑钱塘护堤，使沿江百姓受益。同年，赵申乔再调任偏沅巡抚（时驻长沙，雍正三年后改为湖南巡抚），负责湖南等地，康熙帝亲自题写"督抚箴"和"绥辑抚安"等字赐予他。

当时湖南因私征加派非常严重，局势动荡不安，康熙帝严旨整治。赵申乔建御碑亭，檄告属吏，并在大街上竖立石碑以记。针对当时的弊政，赵申乔严禁一切私派，整顿驿递银数，禁止预征兵饷，抚恤漕运穷丁等等。他还特别强调督抚要以身作则，若有不肖之念、非法之事，百姓"即当共声其罪"。他日常"衣食粗粝，早作晚休，不敢图巡抚体面"。在院署中，他自题一联悬挂两侧："但愿居安若堵，何妨署冷如冰"。这种严于律己的作风，在腐败的清朝官场中引起了巨大反响。

不法官绅则对赵申乔恨之入骨，暗中串联，伺机报复。康熙四十一年九月，内阁学士宋大业奉旨来到湖南，索贿未成，恼羞成怒，在土豪贪吏的支持下，上疏诬劾赵申乔。赵申乔闻言，朗声大笑，将宋大业向其僚属肆意勒索的丑行全部揭出，宋大业被追赃罢官。次年，他又疏劾提督（省一级高级武官）俞益谟滥抽兵饷，致使军队缺员。经审，赃证俱实。康熙帝曾说："自赵申乔参俞益谟，武弁始知敬畏。""赵申乔任偏沅时，甚清廉，但有性气，人皆畏其口直。"

康熙四十九年（1710）十二月，赵申乔离开湖南，调回京师，升任都察院左都御史（清代最高监察机构的长官）。消息传出，自长沙至岳州数百里之内，僚属和众百姓沿途为他送行，有的焚香祝告，保佑他平安；有的含泪作揖，感谢他加惠黎民；还有的拿着本地特产，诚意赠送。赵申乔婉言谢绝，但内心非常感动。一些州县还为他建立生祠，以表达崇敬之情。湖南的一些官绅捐资辑刻赵的奏章文告，名曰《赵公实政录》，广为发行。一时间，赵申乔廉洁勤政的美誉传遍大江南北。

然而，赵申乔一生清廉卓著，其次子赵凤诏却堕落为"天下第一贪官"。赵凤诏初任知县，后升任太原知府。康熙五十四年（1715）十月，赵凤诏被山西巡抚苏克济疏劾其巧立税规、贪赃枉法，勒索银两达30余万。康熙帝览奏震怒，说："朕西巡时，赵凤诏曾面奏，为官不要钱，如妇人不养汉。其言鄙俚，虽不宜御前奏对，朕也信以为实。不意狼藉至此！"又说："朕曩（nǎng，以前）巡狩至龙泉关，驻跸数日，曾面询赵凤诏，噶礼

（前任山西巡抚）居官如何？赵凤诏奏称'噶礼为山西第一廉官'。朕以赵凤诏乃赵申乔之子，断不欺朕，因擢噶礼为江南总督。"现在想来，赵凤诏居然明目张胆地回护贪官噶礼，"敢以大言欺朕"，"断不可恕"，实属"天下第一贪官"，令将其革职拿问。

面对儿子的贪渎行为，赵申乔内心极为痛苦。多年来，他忙于公务，长年任职于浙江、湖南、京师等处，疏忽了对儿子的严格教育，万没想到赵凤诏顺利由知县优升知府后，竟犯此大罪。加之赵申乔平时对同僚的贪赃枉法行为毫不留情，弹劾官员甚众，很多人借机对其父子妄加议论。赵申乔羞愧于再见同僚，便以"教子不严"呈请罢撤己职。康熙帝表示"朕礼遇大臣甚优，自始至终，无不期其保全"，令赵申乔仍旧供职。

对苏克济弹劾赵凤诏案，康熙帝非常重视，命湖广总督额伦特前往太原查明事实。额伦特调查后疏言："枉法受赃，例应环首（绞刑）。凤诏为左都御史赵申乔之子，受恩深重，法应加等！拟斩监候罪。"后经刑部审明，赵凤诏勒索赃银174 600余两。九卿等会议提出"不可循例定罪"，应改为立斩，追缴赃银入官。康熙帝对大学士等人表态说："伊父赵申乔居官尚廉，赵凤诏如此贪婪，不忠不孝极矣！似此不忠不孝之人，应当立法，九卿议立决甚是。但伊赃银甚多，不可不追，著照数追比。"对于赵凤诏交赃未尽之数，康熙帝准将赵申乔、赵熊诏（赵申乔另一子）的家产等项变价赔补。康熙五十七年（1718）二月，赵凤诏被斩首。

当年，赵申乔已75岁，且多病，经此沉重打击，终于积成大病。康熙五十九年（1720）三月，赵申乔以衰疾请求休致（因衰老不能胜任而自请去职）。康熙帝览奏，感触良深，谕称："赵申乔操守清廉，始终一辙。性虽急躁而为人朴直，年近八旬，病

势料难即愈……仍令在任调理，其应赔之项，从宽免追。"命
"速传此旨，使其早知，庶服药可效也"。是年十月，赵申乔在任
所病逝，时年 77 岁。康熙帝赐祭葬如典礼，谥恭毅。

　　赵申乔为官一生清廉，却因教子不严毁了一世名节。正如他
生前常常所说："终身之名节，千秋之芳秽，只系于一念之消长，
一息之依违。"赵氏父廉子贪的沉痛教训，既发人深省，更令人
扼腕叹息。

作者简介

　　王政尧，1942 年生，河北武安人。中国人民大学清史研究所教授，
兼任北京大学明清研究中心客座研究员、吉林师范大学兼职教授等职。
主要研究方向为清代文化史和清代政治史，主要著作有《清代戏剧文
化史论》、《清史述得》、《清史初得》、《黄宗羲》、《清代人物传稿》上
编第三卷和第八卷（合著）、《施琅与两岸统一》（合著）等 10 余部，
另著有论文 60 余篇。

"书生"皇帝乾隆

张　杰

　　爱新觉罗·弘历是清朝入关后的第四代皇帝，年号乾隆。他一生喜欢巡游各地，仅南下江浙和西巡五台就各有六次，留下数不清的传奇故事，令今人真假难辨。历史上的乾隆帝，既非身怀绝技的武林高手，也非采花逐蝶的风流天子，而是一个自幼受到良好教育，颇好读书的"书生皇帝"。他能享年 89 岁，成为中国封建社会历史上寿命最长、实际统治时间长达 63 年之久的皇帝，与其喜好读书、善于学习有着重要关系。

　　雍正十三年（1735）九月初三，25 岁的乾隆帝即位。此时，清朝的统治已近百年，他既无皇祖康熙帝带兵作战的经验，又无皇父雍正帝几十年角逐政治斗争的阅历，但他曾向大臣们自诩："朕自幼读书宫中，讲诵二十年，未尝少辍，实一书生也。"（《清高宗实录》卷五，第3—4页）乾隆帝为什么要宣称自己是一介"书生"？

　　一是乾隆帝非常敬重自己的老师。乾隆帝天资聪颖，读书过目不忘。初次见祖父康熙帝时，康熙帝让他背诵"爱莲说"，他脱口而出，不遗一字，因而备受夸奖。乾隆帝晚年做《三先生》诗，把自己的才学归功于三位老师。第一位是满族人福敏，教他学习满、汉文字和背诵古文。第二位是江西人朱轼，为乾隆帝讲授儒学经典。第三位是福建人蔡世远，批改乾隆帝撰写的各种文章。乾隆帝评价三人：福敏为师循循善诱、严若秋霜，为他打下良好基础；朱轼讲学强调读书致用，使他懂得做学问的根本；蔡世远常讲"人生三不朽"，激励他成为"德、功、言并重"的一代名君。

二是乾隆帝登极之前，已有著作刊刻。他从 14 岁起开始边读书边写文章，22 岁时将所写诗文结集出版，名为《乐善堂全集》。他从读书中得出的治国经验教训，体现在该书收录的一些文章中。例如，在《汉元帝论》中，他把亡国之君分成刚暴与柔懦二种，主张"刚暴者其亡速，柔懦者其亡缓"，可见他反对暴政，主张遍施仁政。再如，他在《宽则得众论》中提出：对百姓"非仁无以得其心"；对大臣"非宽无以安其身"。这些认识，后来都成为他的治国方针。

三是乾隆帝为"书生"正名，提倡官员读书。当时，大臣们推荐官员时，常以"此员是书生"或"书气未除"，作为不称职的理由，引起了乾隆帝的注意。刚一即位，他就以"书生"自诩，还强调"王大臣为朕所倚任，亦皆书生也"。他告诫大臣们说：凡修己治人之道，事君居官之理，备载于书，"朕惟恐人不足当书生之称，而安得以书生相戒乎"？至于"书气"二字，尤其宝贵，"人无书气，即为粗俗气、市井气，而不可列于士大夫之列"（《清高宗实录》卷五，第 3—4 页）。在乾隆帝看来，只要君臣上下善于读书致用，就能够把国家治理好。

乾隆帝一生轰轰烈烈的文治武功，在很大程度上得益于他通晓汉、满、蒙、藏、维五种文字，由此有利于推行一系列民族政策。

清代汉族人数最多，乾隆帝学习汉文化，主要是适应政治斗争和维护清朝统治的需要，满族出身的皇帝，必须熟练运用汉文化，才能实施有效的统治。乾隆帝谦称自己是"通儒"以上水平，而实际上，他的才学远高于此。清代著名学者赵翼曾任军机章京，为乾隆帝抄写政令。有一次在对西北用兵的上谕中，乾隆帝用"埋根首进"4字，赵翼不明其意，后来偶然阅读《后汉书·马融传》，才知道是决计进兵的意思，因此大为感叹。

自1644年入关后，满洲八旗子弟久居内地，满语、满文日渐生疏。乾隆帝精通满语文，力图保留满族文化，大力提倡学习和使用满语文。他召见满族王公大臣，一律用满语交谈，还特设皇族子弟考试满语科目，合格者方能继承做官。当时，在东北的满洲将领大多使用满文，不懂汉文。因此，乾隆帝一律用满文批示前线满洲将领的奏折，加速了作战的机动性。乾隆帝这种强化满族民族意识的努力，对满语文的保留和延续起到了一定作用。

乾隆帝学习蒙古语言文字，是出于平定新疆准噶尔政权和绥服内、外蒙古各部的需要。他接见蒙古王公时，能够直接用蒙古语交谈，使他们备感亲切，认为乾隆帝是蒙古人的皇帝。他曾谕令："凡有谕旨兼蒙古文者，必经朕亲加改正，方可颁发。"（《清高宗实录》卷一千零八十八，第3页）乾隆帝的蒙古文水平已达到运用自如的程度。

为利用喇嘛教和稳定西南边疆，乾隆帝学习并掌握了藏语文。藏文时称西番字，乾隆帝自谓："乾隆八年以后，即诵习蒙古及西番字经典，于今五十余年。"（《清高宗实录》卷一千四百二十七，第3页）他通晓藏语文和佛教经典，五十八年（1793），清军取得反击廓尔喀（今尼泊尔）侵略西藏胜利后，亲自创立选定达赖、班禅转世的金瓶掣签制度，成为西藏地区的一项根本制度，至今仍在沿用。

乾隆二十四年（1759），平定南疆地区霍集占叛乱后，乾隆帝又开始学习维吾尔族语文。他在《瀛台赐拔达克山来使即席得句》诗注中说："近始习回语，可以不烦译寄。然拔达克山极西，语又异于叶尔羌，故仍须回人译彼语也。""拔达克山"即今之阿富汗，"叶尔羌"之"回语"，即今新疆叶城维吾尔语，可知乾隆帝能够直接使用维吾尔语文与其上层交往，但接见拔达克山来使尚需要翻译。

乾隆帝日理万机，但平日也喜欢书、画、诗、文，而且取得了令人赞叹的成就。

乾隆帝经常题匾、赐"福"字，与汉族大臣联络情感，为此花很大气力练习书法。他的书法飘逸俊秀，是中国历史上留下墨迹最多的皇帝。他热衷于书法鉴赏和推广，将多年搜寻所得王羲之《快雪时晴帖》、王献之《中秋帖》、王珣《伯远帖》三种书法珍品建成"三希堂"收藏，还组织刊刻《三希堂法帖》，供士人临摹。清皇宫中设有如意馆，汇聚一大批艺术家。乾隆帝在处理政事之余，经常去如意馆看画家绘画，"有用笔草率者，辄手教之，时以为荣"（昭梿：《啸亭续录》卷一《如意馆》）。

乾隆帝尤喜赋诗。他写的诗，每过 12 年，便由臣下编成诗集，现存其所作《御制诗初集》4150 余首，《御制诗二集》8470 余首，《御制诗三集》11620 余首，《御制诗四集》9700 余首，《御制诗五集》8700 余首。乾隆帝在位 60 年，总共写诗 4 万余首。

乾隆帝还用各种体裁写了 1350 余篇文章，留下御制文集四种。他执政时所作的各种批示，编成《清高宗圣训》三百卷。文集和圣训，使他成为历史上留下文字最多的皇帝。凡清朝重大政治事件、战争、水利工程、外事往来，乾隆帝都写有专文。他的文章经常被史学家引用，例如，其所作《喇嘛说》文中的"兴黄教即所以安众蒙古"，是对清朝保护扶持喇嘛教政策最权威的解释。

有史书记载，由乾隆帝发起编纂的"奉敕""御定"书籍有130余种，其中最重要、影响最大的是《四库全书》。从乾隆三十七年（1772）正月，他谕令朝内外大臣搜集古今图书开始，历经20年最后完成，全书写本36000余册，共收录各种图书3457种，79070卷，被誉为中国传统文化的"万里长城"。

乾隆帝在临终的前一天写下一首诗，题为《望捷》，留下了最后一份寄托与期盼，以此终结了他作为"书生"皇帝的一生。

嘉庆年间，清代著名思想家龚自珍在谈到乾隆帝"朕亦一书生"的自评语时，感慨地说："天下事，舍书生无可属，真书生又寡。"他认为，乾隆帝"书生"之论是"炳六籍，训万祀"的至理名言。

作者简介

张杰，1954年生于辽宁省丹东市。辽宁大学历史学院教授、清史研究所所长。著有《清高宗·乾隆帝·弘历》《辽河流域宗教文化》《清代科举家族》《和珅传奇》《满族要论》《满蒙联姻》《韩国史料三种与盛京满族研究》等多部学术著作。

乾隆帝与诗翁沈德潜

吴伯娅

确士先生七十余，自删诗稿号归愚。

青鞋布袜金阶上，天子亲呼老秘书。

清代著名诗人袁枚的这首诗，向人们展示了乾隆帝与沈德潜的亲密关系。素以武功著称，自诩为"十全老人"的乾隆帝，为什么对一位诗翁如此厚爱？沈德潜死后又为什么被罢祠削谥？其中的故事向我们展示了专制时代皇帝的喜怒无常和知识分子兴衰荣辱的命运。

沈德潜（1673—1769），字确士，号归愚，长洲（在今江苏省苏州市）人，先后参加过十多次乡试，均以失败告终。乾隆元年（1736），清廷开博学鸿词科。沈德潜受荐至京，廷试时再次落选，乘舟南归行至黄河时，又遭风溺水，虽侥幸保得一命，所携物品却荡然无存。此时，他年逾花甲，在经历一次又一次的挫折后，心中充满了苦涩。乾隆三年（1738），66岁的沈德潜终于考中举人。第二年金榜题名，荣登进士，成为翰林院庶吉士。

乾隆帝既崇尚武功，又爱好诗文。对沈德潜的诗名，他早有耳闻。乾隆七年（1742）四月十九日，庶吉士们参加例行的散馆考试，沈德潜与袁枚等人同试于殿上。乾隆帝询问谁是沈德潜，沈德潜跪下奏道："臣是也。"乾隆帝问道："文成乎？"沈德潜回答："未也。"乾隆帝笑道："汝江南老名士，而亦迟迟耶？"三日后，沈德潜被任命为翰林院编修。

六月九日，新官轮班引见。乾隆帝令沈德潜和（hè）《消夏十咏》。沈德潜很快便和就进呈，乾隆帝阅后十分满意，欣然颁赏。不久，沈德潜又奉命和《柳絮》《落叶》等诗，都得到乾隆帝的欢心。从此，乾隆帝每有诗作，便命沈德潜和，多所激赏。沈德潜由此开始了晚年的飞黄腾达。

乾隆八年（1743）春，71 岁的沈德潜迁左中允，后又迁侍读、左庶子、侍讲学士，充日讲起居注官。第二年，充湖北乡试正考官，迁少詹。第三年，晋詹事，充武会试副考官。如此迅速的升迁，令沈德潜受宠若惊，不禁发出这样的感叹："君恩稠叠，不知何以报称，窃自惧也。"

乾隆十一年（1746），沈德潜任内阁学士。此时他的夫人俞氏已去世。他夜梦夫人，醒而成诗。乾隆帝阅后为之感动，对他说道："汝既悼亡，何不假归料理？"八月，沈德潜请假归葬。乾隆帝谕不必开缺，命给三代封典，并赐诗宠行，声称："我爱德潜德，淳风挹（yì，舀，喻以有余补不足）古初。"此诗在文坛宦海引起反响，侍郎钱陈群和道："帝爱德潜德，我羡归愚归。"一时传为佳话。

"晚达缘诗遇，萧萧白发翁。"沈德潜的际遇产生了一定的社会影响。乾隆帝特此颁谕，强调指出，他因沈德潜诚实谨厚，且怜其晚遇，才稠叠加恩，以励老成积学之士，并非因进诗而优擢。面对荣华富贵，沈德潜尚能保持清醒。衣锦还乡之后，他写下了《誓墓文》，昭告于父亲灵前，表示今后保持晚节，决不营私嗜利。

第二年六月，沈德潜假满还朝。乾隆帝高兴地对他说道："汝满假即来，可云急公。今令汝入上书房，辅导诸皇子，授汝礼部侍郎。"并深情地吟道："儿辈粗知书，相期道孔颜。"表达了他对沈德潜辅导皇子一事的厚望。至此，乾隆帝与沈德潜关系日密，人称"殿上君臣，诗中僚友"。

皇帝的宠幸虽使沈德潜感恩不尽，但他毕竟年过古稀，体力日衰。乾隆十四年（1749），他请求归田。乾隆帝诏原品休致，赐人参官帛，命校御制诗稿，校毕起行。从此，沈德潜结束了仕宦生涯。

回到家乡之后，沈德潜仍与乾隆帝诗文往还。归田的第二年，乾隆帝赐他初刻《御制诗集》，又命和御制诗 104 章。乾隆十六年（1751）二月，乾隆帝南巡，沈德潜迎驾于清江浦。乾隆帝厚加赏赐，谕在籍食俸。这年冬天，沈德潜进京祝皇太后 60 大寿。乾隆帝特赐其"德艺清标"额。沈德潜进诗集求序，乾隆帝欣然于坤宁宫手书以赐。

乾隆二十二年至三十年（1757—1765），乾隆帝先后三次南巡，对沈德潜多次封赏，加礼部尚书衔、太子太傅，赐"九帙诗仙"额，食正一品俸，赐其孙沈维熙为举人，并命和御诗多首，赐御制诗篇。

乾隆帝对沈德潜的特殊宠幸，令世人啧啧称羡。然而，不久乾隆帝与沈德潜的关系却开始发生变化。归田之前，沈德潜受命校勘御制诗稿。乾隆帝对廷臣说道："朕与德潜，可谓以诗始，以诗终。"此话不幸而言中。沈德潜正是因诗受到乾隆帝的荣宠，因诗受到乾隆帝的批评，死后又因诗受到乾隆帝的惩罚。

沈德潜的诗专主唐音，以温柔为教，对维护和加强清王朝的统治有利。乾隆帝执政初期，一改其父的严酷作风，实行了较为宽松的政策，加之本人又爱好诗文，因此，沈德潜得以享受殊荣。随着形势的发展，清朝的文字狱愈演愈烈，沈德潜也被卷进了风波之中。

　　沈德潜与乾隆帝的裂痕始于《国朝诗别裁集》。这是沈德潜关于清初诗学的著作。在这部书中，沈德潜将降清贰臣钱谦益列于前茅，又将身陷文字狱的钱名世选入集中，并直书慎郡王之名。乾隆帝阅后，颇为不满，命儒臣加以修改，并在序中对沈德潜进行了批评。

　　此后，乾隆帝的文化政策更趋严厉，对沈德潜的态度也为之一变。他下令将钱谦益的《初学集》《有学集》严行查禁。地方官遵旨而行，陆续收缴销毁。乾隆帝想到沈德潜、钱陈群二人工于声韵，收藏各家诗集必然很多。沈德潜又曾将钱谦益的诗作选列《国朝诗别裁集》之首，既对钱诗加以奖许，必于其作多所珍惜。乾隆三十四年（1769）八月，乾隆帝谕两江总督高晋、浙江巡抚永德，强调指出，如果沈德潜、钱陈群家中尚有钱谦益《初学集》《有学集》未经呈缴者，即速遵旨缴出，与二人毫无干碍，断不必虑及前此收藏之非，妄生疑畏。如果不知警悟，密匿深藏，日后必将败露。即使二人不及身受其谴，难道就不为子孙着想吗？他还表示："朕于奖善惩恶，悉视其人之自取，从无丝毫假借。钱陈群尤所深知，而沈德潜则恐不能尽悉矣。"令高晋、永德将此旨就近密谕沈德潜、钱陈群知之。

　　是年九月七日，沈德潜病逝于家中，享年 97 岁。两江总督上报沈德潜死讯，回奏沈家并无未缴钱谦益诗文集。乾隆帝转疑为悲，晋沈德潜太子太师，入祀乡贤祠，赐祭葬如例，谥文悫（què）。至此，沈德潜的尊荣达到了顶峰。

　　沈德潜去世 9 年之后，江南东台县民讦告已故举人徐述夔（kuí）的《一柱楼集》诗词悖逆。乾隆帝审查此书，发现内有"大明天子重相见，且把壶儿搁半边""明朝期振翮（hé，翅膀），一举去清都"等句。乾隆帝认为"壶儿"系"胡儿"之谐音，不言到清都而言去清都，显然有去本朝兴明朝之意。于是徐述夔父子被开棺戮尸，其孙徐食田、为该书作跋的毛澄、校订者沈成濯等人被处以斩监候。

《一柱楼集》载有沈德潜为徐述夔所作的传记，称其品行文章皆可为法。乾隆帝不禁勃然大怒，指责沈德潜对徐氏的悖逆诗句不仅不切齿痛恨，反而记述流传，毫无人心。又称沈德潜久蒙圣恩，理宜谨慎自持，乃敢视悖逆为泛常，为之揄扬颂美，实属昧良负恩。因此，沈德潜被追夺阶衔，罢祠削谥，平毁墓碑。

但是民间传说，沈德潜获罪的另一原因，是曾替乾隆帝写诗，后又将这些诗收进自己的诗集。沈去世后，乾隆帝搜其遗诗读之，发现其中确有代作御诗。乾隆帝一生诗作甚多，有史以来首屈一指。其御制诗共5集，4万多首，洋洋大观，令人惊愕。尽管他声称自己才思敏捷，但身居帝位，政务繁忙，要写出如此海量诗作是很有难度的。有些由臣下代笔，或由他乘兴开篇，词臣续就，也在情理之中。他初登帝位时，在《乐善堂全集》的序文中也曾坦率而言："自今以后，虽有所著作，或出词臣之手，真赝各半。"但是，作为臣下，公然将代作御诗收入自己的诗集，终究难逃违逆之责。

在封建专制时代，君王的政策、喜怒变化决定着臣民的命运，沈德潜的兴衰荣辱就是一个绝好的例证。

乾隆帝与法国神父蒋友仁

李景屏

　　蒋友仁生于 1715 年（康熙五十四年），法国人，1745 年（乾隆十年）来华，因其学识渊博、汉语能力强而供奉内廷。当时供奉内廷的西洋人一般是画家、机械师和钟表匠，但蒋友仁却是个例外。他在法国原本是个天文学家，精通数学、物理，是作为修订历法的人才被召到北京的。

　　自德国传教士汤若望担任清王朝国子监的第一任监正以来，继之而就任监正的西方神职人员有：南怀仁、闵明我、庞嘉宾、纪理安、戴进贤、刘松龄、傅作霖、高慎思、宁国安、索德超、毕学源。钦天监从来都是洋人荟萃的地方，蒋友仁来北京时，奥地利神甫刘松龄，因钦天监监正戴进贤神甫的去世而刚刚升任监正，循例升为监副的则是葡萄牙籍神甫傅作霖。钦天监并不急需治历人员，最迫切需要的是能制造喷泉的人。

　　由于乾隆帝对路易十四所赠送的《法国最漂亮的建筑景观》一书中凡尔赛宫喷水池的图片很有兴趣，产生了"建造带有'大水法'（喷水池）的西洋风格之宫殿的想法"。早期来华的神甫中还无人懂得喷水池的设计，他们便把希望寄托在精通多种自然学科的蒋友仁身上。经郎世宁及其他在京神甫的推荐，蒋友仁成为试制"大水法"的人选。

到北京才两年的蒋友仁被任命为圆明园"大水法"的设计者，此时的蒋友仁已经能说一口流利的汉语。蒋友仁不仅呈上"大水法"的模型，还给乾隆帝讲解了水利学的原理。"龙心大悦"的乾隆帝，决定在圆明园的东北角建造一座西洋楼——海晏堂，把欧洲建筑风格与中国情趣结合起来，蒋友仁遂成为圆明园西洋楼的设计者之一。由蒋友仁设计的"大水法共有 54 个垂直喷泉"，同"环绕凡尔赛宫阶梯的那种喷泉"有异曲同工之妙。

乾隆帝渴望了解外部世界，为此蒋友仁绘制了一幅 12.5 法尺长、6 法尺高的世界地图。在绘制这幅地图的过程中，他吸收地理考察的最新成果，增加了新发现的一些国家，删除了旧地图中与实际情况不相符的内容，还写了一份有关地球、彗星及新发现的其他星球运行轨迹的说明，又附有一份对地图进行解释的文字说明。这份世界地图，成为蒋友仁献给乾隆帝六十大寿的贺礼。乾隆帝极其珍惜这份贺礼，不仅令人予以复制，分别收藏于宫中、军机处，还让人把新发现的内容加在宫中的地球仪上。

蒋友仁为乾隆帝做的另一件大事，是主持了《皇舆全图》的铜版印刷。《皇舆全图》是在康熙《皇舆全览图》的基础上绘制的。乾隆二十年（1755）在第一次派兵出征准噶尔、生擒准部首领达瓦齐后，立即派遣国子监算学总教习何国宗同傅作霖、高慎思两位神甫前往新疆进行实地勘测，以便绘制出那一地区的地图，进而对康熙《皇舆全览图》进行补充。在实地勘测的基础上，于乾隆二十四年（1759）绘制出《皇舆西域图志》，并在一年后把《皇舆西域图志》补充进康熙《皇舆全览图》，从而形成乾隆《皇舆全图》。

虽然中国早在明代就有铜活字版印刷，但缺乏铜雕版印刷的经验，在当时的国内找不到可以主持这项工作的人，即使来华传教士对此也是一窍不通。这一艰难的工作再次落到蒋友仁的肩上。经过多次试验，他终于用104块铜版印出《皇舆全图》。

蒋友仁所做的有关气体的实验，也令乾隆帝记忆犹新。那是乾隆三十七年腊月二十（1771年初），长于绘画的意大利神甫潘廷璋与掌握修理钟表技术的法国神甫李俊贤来到北京，他们带来了一台抽气机和一台最新研制的望远镜。为了使乾隆帝能尽快了解抽气机的工作原理，蒋友仁在对机器进行调试的过程中，用中文撰写了一份详细的说明书，对其工作原理及使用细则都做了介绍，并建议在来年开春后进行实验。蒋友仁选择了21种有趣的实验，为乾隆帝进行演示。乾隆帝饶有兴致地就空气如何能使气压计内的水银柱上升，以及由水银柱位置的改变所反映出的空气力量变化的原因进行探讨。很快就掌握了操作方法的乾隆帝，不止一次地用抽气机做实验，给朝臣及后妃们演示空气的压力、弹性、压缩、膨胀等特性。

最新研制的望远镜也同样引起乾隆帝的兴趣。这种最新研制的望远镜在一年前才试制出来，为了区别于以前的牛顿式望远镜，被称为反射式望远镜。乾隆帝认为，反射式望远镜在镜底上开的孔会减少反射光线，便询问蒋友仁可否通过调整另一块镜子的位置来消除这一弊端。蒋友仁解释道：调整另一块镜子位置的做法，与牛顿式望远镜所采取的增加反光镜的做法原理相同，但牛顿式望远镜移动不便、很难对准要观察的物体，因而才被底镜上打孔的反射式望远镜所代替。

蒋友仁在陪同潘廷璋进宫中作画时有机会同乾隆帝进行更多的交流。他在一封信中披露了彼此交谈的详尽内容。乾隆帝曾向他询问了许多有关外部世界的问题，诸如：欧洲共有多少个国家？多少军队？作战的方式及谋略有哪些？在欧洲各国中是否有一个可以主宰沉浮的霸主？法国及欧洲哪些国家的女子可以继承王位？除了伊斯兰教徒外（主要是指土耳其），同俄罗斯交战的还有哪些民族？哪些国家在军事上战胜过俄国？这些年俄国为何能在科学、艺术方面取得那样大的进步？俄国在与其他国家交往时使用何种语言？法国与俄国是否有外交关系？法国是否有学者在俄国宫廷供职？俄国军队中是否有法国人？哪个欧洲国家控制了巴达维亚（今印度尼西亚的首都雅加达）？在吕宋（今菲律宾首都马尼拉）的欧洲人是哪个国家的？上述地区离欧洲如此遥远，如何进行有效地控制？在地图上所看到的远离欧洲的一些地方所标明"新西班牙""新荷兰""新法兰西"，这些新王国指的是什么？在绘制地图的过程中，对那些从未去过的国家及地区、对没有地图的国家，如何绘制？海上的路程如何计算、海面上的方位如何确定等等（《耶稣会士中国书信简集——中国回忆录》Ⅵ）。

对乾隆帝提出的问题，蒋友仁都极尽所能地予以回答。如在介绍控制巴达维亚的是荷兰人时，他就讲到荷兰的政体是共和制：国家对所属各省——包括对海外殖民地的巴达维亚通过任命总督来进行统治，如果总督滥用职权将受到惩罚，最严重的将受到审判，等等。

蒋友仁除供奉内廷，还坚持科学研究，并把研究成果寄回法国，同时兼任法国耶稣会负责人。而当时正是耶稣会在欧洲接连遭受毁灭性打击的时期，葡萄牙、法国、西班牙先后驱逐耶稣会，教皇克莱芒十四世则在 1773 年（乾隆三十八年）下令解散耶稣会（直至 1814 年才被罗马教廷宣布恢复）。

耶稣会是天主教的一个修会，1534 年由西班牙贵族罗耀拉·依纳爵所创建，其宗旨是对抗宗教改革运动。而同其他修会相比，耶稣会最大的特点即在于重视教育、大力办学，几乎垄断了欧洲的教育，笛卡尔、伏尔泰、狄罗德等启蒙思想家都曾受教于耶稣会所办的学校。耶稣会不仅垄断教育，也通过担任国王、贵族的"忏悔神父"极力染指政治，因而同王权、同天主教内其他修会以及同中产阶级的矛盾日益激化，成为众矢之的。但在华的耶稣会士，却受到乾隆帝的庇护，尤其是当天主教的其他修会对法国耶稣会的财产垂涎三尺、企图侵吞时，乾隆帝下达了"各国人所住之堂由各国人自行管理，他国人不得参与"的命令，使得来华的法国耶稣会士依旧可以"任意处理其一切财产"（［法］费赖之：《在华耶稣会士列传及书目》下册）。蒋友仁于乾隆三十九年九月十八日（1774年10月23日）突然中风去世。乾隆帝赐葬银100两，在北京西郊安葬了这位为清帝国效力30年的法国神父。

张之洞与汉阳铁厂

杨 东 梁

　　1961 年，毛主席曾讲到，中国近代工业的发展不能忘记四位先驱人物，而讲到重工业、钢铁工业，则不能忘记张之洞（另外三位是张謇、卢作孚和范旭东）。

　　张之洞（1837—1909），直隶南皮（今属河北）人。他于同治年间中进士，授职翰林院，之后先后出任山西巡抚、两广总督、湖广总督等职，并两次署理两江总督。晚年调任体仁阁大学士、军机大臣，兼管学部事务。他一生致力于兴办洋务，曾在广东设立枪弹枪炮厂，编练近代军队，试造浅水轮船，开设水陆师学堂，筹办织布官局，筹设炼铁厂；在湖北创实业、练新军、兴文教，使湖北成为清末各省推行"新政"的样板，产生了全国性影响。张之洞既是"清流派"的一员骁将（清流派是晚清统治集团内的一个政治派别。他们评议时政、弹劾大臣、指斥宦官，对内主张整饬纪纲，对外反对列强侵略），也是继曾国藩、左宗棠、李鸿章之后，晚清洋务派最重要的代表人物之一。

　　在张之洞的洋务事业中，创办汉阳铁厂堪称是一个壮举。

　　为什么要办炼铁厂呢？在张之洞看来，中国人所需外洋之物，"洋布、洋米而外，洋铁最为大宗。在我多出一分之货，即少漏一分之财，积之日久，强弱之势必有转移于无形者"。他把办铁厂看做是"开辟利源之要政",在《筹设炼铁厂折》中就明确提出要"杜外铁之来",以后又强调说:"中国创成此举,便可收回利权。""若再不自炼内地钢铁,此等关系海防边防之利器,事事仰给于人,远虑深思,尤为非计。"(《豫筹铁厂成本折》)归纳起来,张之洞创办钢铁厂的目的,就是为了开辟利源,收回利权,发展重工业以富国强兵,巩固国防。

还在两广总督任上时(1889),张之洞就有了创办钢铁厂的计划,并委托驻英公使刘瑞芬代购机器设备。调任湖广后,拟办的工厂也随之改设湖北。光绪十六年(1890)春,张之洞在武昌设立"湖北铁政局",派候补道蔡锡勇为总办,负责筹办勘矿、建厂、开煤等事宜。蔡氏为广东人,曾毕业于广州同文馆,担任过清政府驻美公使馆的翻译官。回国后在广州任实习馆教员,后受聘于张之洞,任洋务局委员,在当时的中国官场,也称得上是一位"洋务通"了。

炼铁厂的厂址择定在汉阳县大别山下。这里南枕大别山,北滨汉水,西临大江,气势宏阔,交通方便。厂址占地长600丈,宽百丈。1890年底,炼铁厂动工,各分厂历时三年陆续建成,其中包括生铁厂、贝色麻铁厂、熟铁厂、西门士钢厂、钢轨厂、铁货厂等六个大厂,和机器厂、铸铁厂、打铁厂、鱼片钩针厂、打铜厂、翻砂厂、木模厂、锅炉厂等八个小厂。汉阳铁厂共设有生铁炉两座、炼钢炉四座,另配有洗煤机、焦炭炉,机器设备则主要购自比利时。工程技术人员40多人分别聘自比利时、英国和德国,总工程师亨利·贺伯生(Henry Hobson)是英国人。据驻英公使薛福成介绍说,此人"学艺颇精,于选地、建厂、安机、熔炼各事均甚谙练"(《出使日记》卷三)。为培养本国人才,张之洞还于光绪十九年(1893)选派华人工匠20名到比利时学习一年,回国后充当技术骨干。

炼铁必须要有铁矿石和煤炭，因此在创办汉阳铁厂的同时，张之洞还定议开采大冶铁矿。大冶属武昌府，离长江岸边的黄石港颇近。张之洞聘请了一支由德国人组成的探矿队前往勘查，结果发现这里的铁矿蕴藏丰富。据估计：若每年开采一万吨，可供开采两千年。同时，矿石含铁量高，可达64%。这一发现让德国政府垂涎不已，他们竟与总理衙门交涉，要求获得开采权，但被张之洞断然拒绝。在煤炭供给方面，大冶有王三石煤矿、明家湾煤矿，江夏还有马鞍山煤矿。从当时的规模来说，汉阳铁厂"实兼采铁、炼钢、开煤三大端为一事"（张之洞语），可以看做是我国第一个近代钢铁联合企业。

光绪二十年正月初四日（1894年2月15日）铁厂锻铁炉开炉，五月二十五日（6月28日），生铁大炉开炼，二十七日（6月30日）正式出铁。以当时的规模，汉阳铁厂每年可产生铁21900吨。按张之洞的估算，如果发挥全部生产能力，每年可产精钢、熟铁3万吨。当然，事实上从来没有达到过这个指标。以后，因经费不足，铁厂由官办转为商办，于光绪二十二年（1896）由盛宣怀接手。从1896年至1901年，六年中该厂共生产生铁26800吨，熟铁700吨，钢1600吨，铁轨22100吨，铁器3700吨。此外，还有其他铁制品。据光绪二十五年（1899）的汉口贸易报告，汉阳铁厂生产的钢材有15000吨用于铁路建设（制造钢轨和铆钉），同时还向日本出口，出口钢铁价值82000海关两。

一百多年前，在贫穷落后的中国，张之洞能举办一个有相当规模的钢铁联合企业，无疑是很有魄力的壮举。汉阳铁厂是当时亚洲的最大钢铁厂，那时，"中国之外，自日本以及南洋各国各岛，暨五印度（指印度）皆无铁厂"（张之洞语），日本的八幡制铁所直到1901年才开始投产，比汉阳铁厂晚了七年。汉阳铁厂不仅开了中国近代钢铁工业的先河，也成为亚洲第一家现代化钢铁联合企业，使中外人士刮目相看。有人认为，武汉将"成为中国的匹兹堡、米克里斯布鲁及威斯法里亚"（此三地为当时欧美诸强国的钢铁生产中心）。

创办汉阳铁厂在当时的中国甚至亚洲都堪称壮举，但这个"壮举"在封建主义的统治下，却步履艰难，前途黯淡。铁厂开始为官办，由清政府拨给巨款，前后六七年间共花费了560多万两白银。因靡费过多，亏耗甚大，产品成本高而销路不畅，企业运转到了无法维持的地步。再加上产量不多，质量不高，燃料供应不足，使批评之声四起，连清政府也在光绪二十一年（1895）八月间发出上谕，责备张之洞"铁政局经营数年，未见成效"。面对重重困难，张之洞一筹莫展，他向清政府表白说："开办以来，巨细万端，而皆非经见，事机屡变，而意计难周，经营积年，心力交困。"（《铁厂招商承办议定章程折》）光绪二十二年（1896），张之洞把汉阳铁厂及大冶铁矿交给亦官亦商的盛宣怀，由他招商股100万两接办。汉阳铁厂虽然由官办改成了商办，但管理体制并没有多大变化，经营状况也没有得到根本改善。

张之洞办汉阳铁厂没有得到他预想的成果，究其原因，除了封建制度的制约外，也还有其本身的局限性。张之洞追求富国强兵，也意识到创办现代工业的重要性，但他的文化理念、知识结构基本上是陈旧的，对办近代企业几乎一无所知，因此在创办汉阳铁厂时不可避免地犯了很多错误，主要有以下几点。其一是关于厂址的选择，未选产煤、产铁的黄石和大冶，而确定在离煤铁矿较远且地势低洼的汉阳，实为失策。其二是向英国订购炼钢炉时，张之洞没有听取相关建议，先对铁砂进行化验，反而武断地说："中国之大，何处无煤铁佳矿，但照英国所有者购办一份可也。"结果购置的三座炼钢炉有两座为酸性转炉，与含磷较多的大冶铁矿石不相匹配，严重影响了产品质量。其三，由于事先考虑不周，煤炭供应不上，使生产常陷停顿，从而不得不高价购买开平生产之煤，甚至从国外进口焦炭，造成严重浪费。

张之洞对中国近代工业，特别是钢铁制造业的创办是有贡献的。同时，我们也看到，在当时的历史条件下，也有他难以避免的局限性。他创办近代化钢铁企业的历史业绩还是值得肯定的，他留下的经验与教训也值得借鉴。

慈禧太后为何叫"老佛爷"

李国荣

晚清以来，人们只要一提起"老佛爷"，自然而然想到的就是慈禧太后了。佛爷，原本是佛教徒对佛教始祖释迦牟尼的尊称，后来也泛指佛经中说到的所有的佛。这样一个神圣的称号，怎么会和清朝末年的慈禧太后联系在一起呢？慈禧太后与佛到底有多少"缘分"呢？

两首拜佛诗

在《清宫词》中，有一首慈禧太后参禅拜佛的诗："垂帘余暇参禅寂，妙相庄严入画图。一自善财承异宠，都将老佛当嵩呼。"诗后留下这样的注释："孝钦（慈禧谥号）后政暇，尝作观音妆。以内监李莲英为善财，李姊为龙女，用西法照一极大相，悬于寝殿宫中，均呼孝钦为老佛爷。"这首诗及注向人们披露，慈禧太后在垂帘听政的闲暇时间里，曾拜佛坐禅，她还扮作观音照相，并把巨幅相片悬挂在寝宫内。

文献记载，光绪二十年（1894），慈禧太后六十大寿时，"自加徽号，令承直（当值、侍奉）人等统称她作老佛爷，或称她作老祖宗"。所以，"老佛爷"的称号，是慈禧太后60岁生日的时候自封的，她是要把自己打扮成普度众生、功德无量的人间活佛。自此，"老佛爷"的称呼就不胫而走了。

另有一首《清宫词》，也讲到了慈禧太后进香拜佛的事。诗曰："采旗八宝焕珠光，浴佛新开内道场。昨夜慈宁亲诏下，妙高峰里进头香。"诗后的注释这样写道："京师西山亦名妙高峰，上有天仙圣母庙，每年四月朔日（农历每月初一）开庙会。孝钦曾为穆宗（同治皇帝）祈痘于此，先期予诏庙祝，必俟宫中进香后，始行开庙，谓之头香。"

这首诗，前两句讲的是农历四月初八日浴佛节，皇宫里新开供佛的内道场时的盛况；后两句则是说，慈禧太后曾到妙高峰天仙圣母庙进头香，祈求保佑她的独生子、正出天花的同治皇帝。

三张观音照

晚清时期的皇宫内苑，留下了不少生活照片。其中，有三张是慈禧太后扮作观音拍照的，很能说明慈禧太后的奉佛。

第一张，扮作观音的慈禧太后端立着，头戴毗（pí）罗帽（僧帽），外加五佛冠，每一莲瓣上都有一佛像，代表五方五佛。五佛冠两侧各垂着一条长飘带，上面写有汉字六字真言："唵嘛呢叭弥吽"。慈禧太后左手提着净水瓶，右手拿着柳枝，端立在盛开的荷花丛后，身后是山石丛竹的布景，正中悬挂着一幅云头状牌，上面写着"普陀山观音大士"七个大字。慈禧太后左右各站立一人，左边是太监李莲英，穿一身戏装，头戴武士帽，双手合十，两个手腕上各挂拂尘一个，扮的是护法神韦驮天尊（传说中四大天王手下的一名将军）。慈禧太后右侧站着一位俊俏少女，身穿莲花衣，梳着"两把头"，双手捧书一函。在这里，慈禧太后俨然是位十足的观音。

第二张观音照中，慈禧太后坐在正中，左手捧着净水瓶，右手执念珠一串，身穿团花纹清装，头上仍戴着毗罗帽，外加五佛冠。李莲英装扮成韦驮天尊，站在慈禧左边，金刚杵横在胸前，右手握柄，左手合十。慈禧太后身边的右侧是两名少女，一个手捧小香炉，一个捧书。

第三张扮作观音的慈禧太后照，只见她端坐在莲花台上，左手搭放在膝盖上，右手拿着佛珠一串，身穿圆形寿字纹袍，头戴

慈禧太后扮观音大士照

毗罗帽，外加五佛冠，两条飘带垂挂两侧。在慈禧太后的前面，是盛开的荷花，背后布景为山石丛竹，上边悬挂的云头状牌仍是"普陀山观音大士"。慈禧太后的左右两侧，各站立一名侍者，全是头戴毗罗帽，身披袈裟，双手合十，手腕上各挂拂尘一个。左边的那位仍然是慈禧太后宠信的大太监李莲英。

除此之外，在清宫旧藏照片中，还有三张慈禧太后乘坐无篷平底船的照片。其中有一张慈禧太后带随侍 15 人，另两张随侍各有 6 人，每张照片的香几上都插有大寿字，而且均有横签，楷书"普陀山观音大士"。看来，慈禧太后的三张观音照和三张乘船照，当是在同一天、不同地点拍摄的。这几幅照片均表明：慈禧太后奉佛，并把自己装扮成佛。

众所周知，观音是汉传佛教中唯一的女神。人世间的铁腕太后慈禧，把自己标榜为大慈大悲的观音，并拍成照片作为永久留念，既是很自然的，也是别出心裁的。

为了弄清楚这6张照片上的人物，清宫史专家曾请清朝末代皇帝溥仪的弟弟溥杰辨识。结果，溥杰一一认出了照片上慈禧太后身边的人。慈禧太后自比观音，可谓人证物证俱在。

内务府档案的印证

在清宫记载皇家事务的内务府档案中，确实存有记录慈禧太后装扮观音及乘坐无篷平底船照相的两份原始档案。这两份档案所记述的内容相同，只是个别文字略有差异，其中这样写道：

"七月十六日海里照相，乘平船，不要篷。四格格扮善财，穿莲花衣，着下屋棚（另一份档案上后两句改为"穿《打樱桃》丫环衣服"）。莲英扮韦驮，想着带韦盔、行头。三姑娘、五姑娘扮撑船仙女，带渔家罩，穿素白蛇衣服（另一档案后二句改为"穿《打樱桃》二丫环衣服"），想着带行头，红绿亦可（另一档案无后四句）。船上桨要两个。着花园预备带竹叶之竹竿十数根。着三顺预备，于初八日要齐，呈览。"

这两份档案没有标注年代，据推断，当是光绪二十九年（1903）的事，当时慈禧太后69岁。档案上涉及的人物、情景，也恰好和照片对得上号。海里，则指北海。七月十六日，是旧历"鬼节"第二天，正是荷花盛开的时节。在这里，慈禧太后将自己扮成慈悲的观音大士，比作佛法无边、普度众生的菩萨。

活佛也要俯首称臣

慈禧太后自比观音，遇到真佛也要争个高低。光绪三十四年（1908），西藏活佛十三世达赖进京陛见，围绕着达赖是否要向慈禧太后、光绪帝行跪叩之礼，产生了争执。

以往，活佛达赖和班禅晋见皇帝时，都免除下跪叩拜的礼节，可是慈禧太后不能接受活佛的"无礼"。自从当上太后之后，还没有人拜见她时，不行三跪九叩之礼的。"老佛爷"坚持要达赖陛见时下跪磕头，而达赖则表示不能接受。双方互不让步，致使朝见日期一拖再拖，争执了八天。最后，双方各做了一点让步，以折中的办法解决。即达赖晋见慈禧太后、光绪皇帝时，仍要下跪，但免了叩头。

丁宝桢智斩太监安德海

李　岚

清同治八年（1869）七月初，安德海的两只太平楼船沿京杭大运河顺流南下，楼船上悬挂着两面大旗，分别写着"奉旨钦差，采办龙袍"八个大字。大旗上又有一面小旗，中绘一个太阳，内有一只三足乌。安德海在船上挂出三足乌旗，无异于公然宣告：为慈禧太后办差。楼船的两旁插有若干龙凤旗帜，随风飘扬。楼船上仪卫煊赫，且有女乐成队，品竹调丝，所经之处，两岸观者如堵。

飞扬跋扈的安德海以钦差大臣身份出现，沿途一些趋炎附势的地方官不但不敢告发，还争先恐后地逢迎巴结，使得他更加忘乎所以、为所欲为。七月二十日楼船进入山东德州境内，次日安德海竟然在船上为自己做寿，带领众人向所带龙衣罗拜，引得民间议论纷纷，轰动德州城，也惊动了山东巡抚丁宝桢。刚直不阿的丁宝桢迅速命东昌府知府与济宁州知州等楼船沿途府州县将安德海等"一体截拿在案，解省由其亲审"。同时于七月二十九日将此事以四百里奏折火速上呈两宫皇太后和同治皇帝。

丁宝桢（1820—1886），字稚璜，贵州平远（今织金）人。咸丰进士，后任翰林院编修。咸丰年间曾先后任湖南岳州知府、长沙知府，后任山东按察使、山东巡抚。同治七年（1868），西路捻军向定州进军，逼近京师，丁宝桢率兵驰援，清廷数次降旨褒奖、器重有加。后升任四川总督，督川 10 年，体恤民情，实心办事，受到民众拥戴。丁宝桢为官廉洁刚烈，被誉为晚清"中兴名臣"，尤其是任职山东期间，智斩权监安德海，为他赢得了巨大的声誉。

安德海（1844—1869），祖籍直隶青县，10 岁入宫，充内廷太监。由于他办事机敏，善于察言观色，因此深得慈禧太后欢心，成为慈禧太后身边备受宠信的大红人。之后，安德海恃宠而骄，日益骄横。虽然只是六品的蓝翎太监，可他却连小皇帝载淳、恭亲王奕䜣等朝中大臣亦不放在眼里。安德海还经常搬弄是非，挑拨同治和慈禧太后的母子关系，使得小皇帝常被慈禧太后训斥。他目无皇帝，越权胡为，已经到了令同治皇帝忍无可忍的地步。

同治八年（1869），久在宫闱的安德海想出宫游玩并借机敛财，遂借口预备同治帝大婚典礼，再三请求慈禧太后派他到江南置办龙袍、预备宫中婚礼所用之物，获得慈禧太后许可。有了太后的支持，安德海置清朝不许太监擅出宫禁的祖制于不顾，带领着一班随从，前呼后拥地出京了。

有鉴于明朝太监专权祸国的历史教训，清朝对内廷太监的管理一直异常严格，坚决防止太监干预朝政。开国之初，顺治帝就于顺治十年（1653）颁布上谕，对太监管理做出了规定：一、非经差遣，不许擅出皇城；二、职司之外，不许干涉一事；三、不许招引外人；四、不许交接外官；五、不许使弟侄亲戚暗相交接；六、不许假弟侄名色置买田产，从而把持官府，扰害民人。两年后，顺治帝又命工部将严禁太监干政的上谕铸成铁牌立于宫内交泰殿门前，以示警戒。

这道上谕后来成为清朝皇室的祖宗家法，但凡有太监触犯，多会被处以极刑。同时《钦定宫中现行则例》还规定：太监级不过四品，非奉差遣，不许擅自出皇城，违者杀无赦。安德海当时只是六品蓝翎太监，仗着慈禧太后的宠爱，在未知会任何官方衙门的情况下，便违反祖制，擅出宫禁，最终为他招来了杀身之祸。

安德海虽号称钦差，却并未携带任何公文，一路又过于威风张扬，因此在途经山东德州境内时，德州知州赵新闻讯对此颇感费解：既是钦差过境却为何未接到"明降谕旨"并部文传知（按例清朝派遣大臣出京，军机处外发公文，沿途地方官员按礼迎送）？仆役下船购买物品也未出示"传牌勘合"（清朝奉命出京兵员由兵部签发身份证件，途经各地，不需花钱买东西，可凭证取得地方官府供应的物资）。为谨慎起见，赵新立即将此事上报巡抚丁宝桢。

丁宝桢早就对安德海的仗势骄横非常愤慨，接报后立拟密折，痛陈安德海种种"震骇地方"的不法行径，并申诉了自己职守地方，"不得不截拿审办，以昭慎重"的充分理由：一、清朝二百余年不准宦官与外人交接，"亦未有差派太监赴各省之事况"；二、龙袍系御用之衣，自有织造谨制，不用太监远涉糜费，且皇太后、皇上崇尚节俭，断不须太监出外采办，即使实有其事，亦必有明降谕旨并部文传知；三、太监往返照例应有传牌勘合，绝不能听其任意游兴，漫无稽考；四、龙凤旗帜系御用禁物，若果系内廷供使的太监，自知礼法，何敢违制妄用；五、出差携带女优，尤属不成体制。

八月二日，安德海在泰安县被知县何毓福抓获，与其随从陈玉祥等三人随即被先行押往济南，由丁宝桢亲自审讯。八月六日，丁宝桢接到由军机处寄发的密谕，内称："该太监擅离远出，并有种种不法情事，若不从严惩办，何以肃宫禁而儆效尤。著丁宝桢迅速派委干员于所属地方将六品蓝翎安姓太监严密查拿，令随从人等指证确实，毋庸审讯即行就地正法，不准任其狡饰。如该太监闻风折回直境，即著曾国藩饬属一体严拿正法。倘有疏纵，惟该督抚是问，其随从人等有迹近匪类者，并著严拿分别惩办，毋庸再行请旨。"八月七日，丁宝桢亲自查验确实后，遵旨将安德海就地正法于济南，此日距安德海被抓不过五天。

安德海是慈禧太后身边红得发紫的权监宠宦，他在经过顺天府、直隶境内时，各级地方官吏皆隐忍不敢发，都怕得罪慈禧太后身边的亲信。何以能被山东巡抚丁宝桢在济南斩杀？究其原因，主要有以下三个方面：

一是两宫皇太后矛盾斗争的总爆发。两宫皇太后之间一直貌合神离。同治帝虽为慈禧太后亲生，但却与慈安太后的关系更为密切，慈禧太后对此深为不满。同时，随着慈禧太后羽翼渐丰，她开始不能容忍任何人分享其权力，慈安太后越来越成为她权力道路上的绊脚石。慈安太后虽然懦弱，但也在意她中宫皇后的尊严和地位。安德海私出宫墙，慈安太后果断地站在同治、奕䜣的一边，力主处决安德海，给慈禧太后以一定的震慑和打击。

二是同治帝力主杀安德海。安德海得宠于慈禧太后后，目中无人，甚至对小皇帝都十分傲慢，时时事事掣肘，以致同治帝必欲除之而后快。接到丁宝桢的密折，同治帝立即表示："此曹如此，该杀之至！"同时，借口母后养病，不宜打扰，未将奏折呈递慈禧太后阅视，只与慈安太后、奕䜣紧急密商，得到了他们的坚决支持。同治帝于是迅速密谕丁宝桢："毋庸审讯即行就地正法。"同治帝此举也是权力的一种暗中较量，是同治亲政前对慈禧太后干政揽权的有力反抗，是对至高无上的皇权的一种切实维护。

三是安德海违犯了清朝统治者管理太监的严格制度。为防止太监祸乱朝纲，清朝自顺治时期的上谕敕令等祖宗家法，到乾隆时期编纂的宫廷法典——《钦定宫中现行则例》和《国朝宫史》，延续至同治朝积累了二百多年的宫廷管理经验，这其中对太监的管理更是严而又严，许多规定详细而具体。清朝历代统治者对这些规定都高度重视，反复重申，认真执行，对犯事太监的处理毫不留情，基本上没有出现过太监干预朝政的现象。安德海敢于以身试法，违犯宫规，必然会落得身首异处的可悲下场。

此外，也有慈禧太后借刀杀人的说法。慈禧太后与同治帝关系紧张，她对这种隔膜的母子关系一生都耿耿于怀，而安德海则对此难辞其咎。随着安德海在宫中的势力越来越大，在朝廷中树敌太多，对慈禧太后也造成了压力。为避免安德海对自己形成更大的威胁，慈禧太后逐步产生了除掉他的想法。因此，当安德海要求出宫时，慈禧太后明知不妥，也未加以阻拦。当丁宝桢奏折呈上时，慈禧太后借口生病，将此事交给了同治帝和慈安太后处理，使安德海沦为宫廷政治斗争的牺牲品，这也表现了慈禧太后政治手腕的高明。

丁宝桢见机行事，巧妙地利用了慈禧太后与慈安太后、同治帝宫廷政治斗争的复杂关系，将个人生死安危置之度外，智斩权监安德海。这件敢在太岁头上动土的举动，震惊了朝野，连曾国藩都赞叹丁宝桢为"豪杰士"。权监安德海伏法，也使得朝野上下人心大快，一时"丁青天"之誉传遍民间。

我和清史 *

戴　逸

　　清史是我的专业，我把毕生的精力贡献给它。可说是寝于斯，食于斯，学于斯，行于斯。清史是我理念之归宿，精神之依托，生命之安宅。

　　阅读和研究清史犹如站在高山之巅，凝视先人们走过的那段路程，有喧嚣的朝市、血洗的战场，也有崎岖的山径、冷漠的村庄，一幕又一幕不同的历史场景显示在眼前。

　　阅读和研究清史犹如漂荡在汪洋大海之中，政治、经济、军事、文化、外交、社会生活众多的浪潮奔腾澎湃，一个个像雪花似的喷溅，缤纷多彩，目不暇接。

　　阅读和研究清史犹如谛听一曲优美的交响曲，有金戈铁马之雄健，有缠绵悱恻之哀怨，有勇往直前之奋进，有神态自若之淡定，各种情感交替迸发，交织映现。

　　阅读和研究清史，展示三百年封建王朝的际遇和命运，匆忙地奔驰过兴、盛、衰、亡的轮回，从盛世的辉煌走向末世的凄凉，其间的经验教训使人感慨，发人深省。

　　我常读清史，爱读清史，也常写和爱写清史文章，尤其进入老年专嗜清史，几乎摒弃其他书籍于不观，谢绝其他文章而不作，集中精力，专务清史，专写清史。因为清史的书籍和资料浩瀚广博，无穷无尽，就是毕生专读清史也只能读极小部分。人的生命太短促，只能就广阔无垠的清史知识海洋中掬取一勺之水，或观其大体态势，或测其某个角落，并不能达到全真和全知。"吾生也有涯，而知也无涯"，这句话，我到老年体会得越来越真切。

清史研究是自己的工作、专业与职责，我刻志自励，以至诚之心力求敬业，用探索精神去追求未知，用怀疑精神去发现问题，用勤奋精神去搜寻资料，用科学精神去分析疑难，用理性精神去阐释历史，在客观历史千变万化的运动发展中寻求其规律，真实地清晰地揭示历史的真相。司马迁说"究天人之际，穷古今之变，成一家之言"，我材质驽钝，难期高明，虽不能至，而心向往之。

"暮年多见世上客，未识真容已白头"，说的是人到暮年，见多识广，但还没有能了解世人和世事。其实做学问比这还要难，因为每一种学问，广阔无比，其深难测，学问要靠积累才能成熟。清朝灭亡还不到一百年，清史的研究今天还处在起步阶段。我们清史学科以至整个社会科学必须更加努力、更多积累、更善创新、更快前进。中国需要更成熟的社会科学、更成熟的历史学与清史学，因为这是提高民众文化素质之必需，加强爱国主义教育之必需，深入了解国情以建设中国美好将来之必需。我相信：中国的社会科学、历史学和清史学发展将越来越成熟、积累将越来越丰厚、研究将越来越精深，在本世纪内为中华民族的文化复兴作出辉煌贡献。

*本文曾刊登于 2010 年 11 月 23 日《光明日报》第 12 版"治史心语"栏目。

后　记

　　清史纂修工作启动以来，在党中央、国务院的亲切关怀和文化部的正确领导下，在编委会和海内外专家的辛勤劳动和共同努力下，一批新的科研成果相继产生。为充分发挥清史纂修在资政、存史、育人中的重要作用，我们从 2006 年 7 月开始编发内部资料《清史参考》，择要刊登在清史纂修工作中形成的部分科研成果。内容包括典章源流、名人史事、档案文献、学术争鸣、资料考证等，力求如实反映清代的政治、经济、文化、科技、军事、外交等各方面情况，为有关部门和领导同志提供资政参考。

　　2008 年 8 月，为进一步扩大清史纂修工作的影响，使《清史参考》泽及社会、服务学界、繁荣文化，我们将已刊发的 75 期《清史参考》结集出版，取其"以史为鉴"之意，定名《清史镜鉴》。2009 年 8 月出版《清史镜鉴》第二辑、2010 年 3 月出版第三辑，赢得了良好的社会反响。现将 2010 年全年 47 期《清史参考》合辑为《清史镜鉴》第四辑。为方便阅读，我们按照学术类别将文章进行分类，文章按照时间顺序排列；对文中的生僻字、词适当加以注释。

　　《清史镜鉴》的出版得到了清史专家的大力支持与帮助，国家清史编纂委员会主任、著名清史专家戴逸先生还欣然为本书撰序，再次表示衷心的感谢。

请各界读者批评指正。

国家清史编纂委员会

国家清史纂修领导小组办公室

2010 年 12 月